I0254714

# Sur la trace des " Bandeirantes "

Tous droits de traduction et de reproduction
réservés pour tous pays
y compris la Suède et la Norvège.

Copyright 1918 by *L'Édition française illustrée*

JEAN DE MONTLAUR

Sur la trace
des
"Bandeirantes"

PARIS
L'ÉDITION FRANÇAISE ILLUSTRÉE
30, rue de Provence, 30

1918

A la mémoire

de

ARINOS DE MELLO FRANCO

l'ami si cher

et si regretté

avec lequel ceci fut vécu....

Un an avant

« La Guerre »

J. DE MONTLAUR

1918

Comte G. de S. P.

Sur la trace des " Bandeirantes "

CHAPITRE PREMIER

Qui peut servir de préface — ou tout au moins d'introduction

O seculo XVII foi o seculo em que surgiram em São Paulo os celebres Bandeirantes, denominação pela qual são conhecidos os ousados Paulistas que intrepidamente se collocaram a frente de una pequena comitiva a que se dava a nome de Bandeira, para bater ou Indios, davassar os sertoes e explorar as minas.

Le XVIIº siècle fut l'époque où parurent soudain à *São Paulo* les célèbres *Bandeirantes*. C'est sous ce surnom que sont connus ces audacieux Paulistes qui, bravement, se réunissaient en toutes petites troupes à qui l'on donnait le nom de Bandeira, et qui s'en allaient ainsi soumettre les Indiens, explorer les régions désertes et prospecter les mines.

Trois siècles et demi après, nous reprîmes — ô bien plus modestement — et avec combien moins de gloire, la route belliqueuse des anciens conquérants de l'or.

Nous n'eûmes ni Indiens à soumettre, puisqu'il n'en existe plus en ces parties, ni contrées désertes à découvrir puisque ces glorieux ancêtres y furent avant nous, ni mines à prospecter, puisque des compagnies plus puissantes que les royaumes de jadis, européennes ou américaines, les détiennent à présent. Mais à cela près nous refîmes comme eux.

Ce sont leurs routes que nous avons reprises, leurs traces que nous avons suivies, marquées encore par des villes à chacun de leurs campements.

Nous avons vécu de leur souvenir partout, qui surgissait à chacun de nos pas, et Dieu sait avec quelle respectueuse émotion nous évoquions ces grandes ombres d'un héroïque passé.

Notre humble et minuscule Bandeira reprit les étapes glorieuses des Fernão Dias Paes Leme, Antonio Raposo, Paschoal Moreira Cabral, Bartholomeu Bueno da Silva que les Indiens appelaient le vieux diable, *o Anhanguera!* Et là où les choses ont si peu changé depuis trois cents ans dans le vieux Brésil historique, nous refîmes filialement leurs gestes anciens, sans fracas d'armes ni bruits de gens, sans tambours de guerre ni mousquetades, très en rétréci sans doute, mais aux lieux mêmes de leur épopée.

Qu'on ne craigne pas maintenant et d'après cela un cours d'histoire, ni un récit épique, pas plus qu'un roman d'aventures, non ! Les quelques pages qui vont suivre n'ont aucunes prétentions historiques, géographiques, économiques, politiques... ou autres. Elles ne sont pas destinées à apprendre quelque chose à quelqu'un — bien loin de là — quoique les régions dont il sera question soient encore assez peu connues de bien des Brésiliens eux-mêmes : mais je laisse ce soin à plus compétents — il n'en manque pas. Les gens qui aiment les chiffres n'en trouveront pas, ou du moins si peu ; à peine ceux indispensables qui indiquent une altitude, la date approximative d'une fondation de ville ou d'*arraial*, la distance qui les sépare d'un autre campement d'hommes le long d'une piste de mules, à travers le *sertão*, montées, ravins ou gués. Et encore ! Souvent l'époque fixée par la tradition locale, *padre*, sacristain, notable, ne correspondait pas à l'opinion que nous nous faisions de cette fondation, le style dénonçant de lui-même l'erreur. Les lieues brésiliennes, parfois aussi, semblaient plus longues que larges au vieux faiseur d'étapes que j'ai été. Alors, tout simplement, j'ai suivi mon impression pour dater ou chiffrer — dû l'exactitude mathématique en souffrir et les gens précis en sourire.

Mon impression : voilà ce qui caractérisera ce court récit, dans ce pays où il y a trois cents ans passèrent les premiers blancs, les premiers étrangers venus comme nous de São Paulo. Ce ne sont uniquement que des impressions prises en cours de route, de cantonnements en bivouacs, et que j'ai notées. Ce sont de vieilles petites villes désertes au nom plus grand que leur enceinte, églises démesurées avec le nombre ridiculement restreint de leurs fidèles, champs de bataille où le bois primitif s'est refait, lieux de légendes et lieux d'histoire, les deux se mêlant d'inextricable sorte. Et d'autres encore : — effets de lumière indécise au petit matin, avant la gloire de midi, chaude torpeur des heures de plein soleil, couchants sanglants impériaux, sérénité des premières étoiles au ciel devenu d'un vert pâle... et puis des paysages nouveaux d'aspect, plantes et fruits, saveurs et parfums, bêtes et gens, rires et cris, danses et chants. Tout ce qui est resté d'eux, les premiers qui vinrent ici jadis, ce qu'ils ont vu, côtoyé, vécu et laissé après eux, ceux-là qui vinrent de Portugal, d'Espagne, ou de France peut-être ? Et puis, c'est aussi, c'est surtout, cette profonde, cette immense et poignante sensation du loin, du très loin, que je n'ai jamais si fortement éprouvée, et qu'ils ont dû avoir à un tel degré. Eux, dans la solitude du *sertão* d'alors. C'est tout enfin ce que j'ai ressenti, tout ce que j'ai vu, entendu, compris bien ou mal, pendant ce trop court et si intéressant séjour dans un pays dont je ne savais alors que si peu la langue, et pas du tout les usages.

« Tropeiros »

Aussi n'est-ce qu'un peu pour les miens, beaucoup pour moi, que j'ai noté ce voyage, afin de raconter ce qui m'a tant séduit, afin de m'en souvenir mieux aussi. Je suis revenu la plume à la main le long de ma mémoire pour revivre ces jours heureux trop vite écoulés, en compagnie de mon excellent cousin A. de M. F.... à qui je les dois.

Qu'il me laisse très amicalement lui dédier ceci avec un merci.

CHAPITRE II

Où l'on va vers Bello Horizonte

~~~~~~~~~

Il y avait longtemps déjà que j'avais projeté ce voyage dans l'intérieur, et que j'en avais très grande envie. A Paris, on me disait : « Il faudra que vous alliez à Minas ; là vous verrez la vieille vie brésilienne, telle qu'on la vivait jadis. »

A São Paulo on me redit : « Voyez d'abord l'intérieur de l'État et les grandes *fazendas* de café pour connaître le Brésil moderne, travailleur, prospère et vivant : vous irez après voir le vieux Brésil, celui qui en est resté encore presque au temps de la conquête...., le Brésil assoupi.... » On ne voulait pas me dire, le Brésil mort, sans doute, pensais-je à part moi... on verra si je voyais juste.

J'ai fait ainsi qu'on me l'avait conseillé, et j'ai vu les deux Brésil ; une importante et bien caractéristique partie de chacun d'eux, tout au moins. L'un m'a prodigieusement intéressé, étonné... Je suis encore tout rempli d'admiration pour les œuvres accomplies, et si vite ; de respect pour les hommes qui les ont osées. L'autre m'a charmé, par lui-même tout simplement, avec l'ombre de son passé glorieux qui le suit toujours, mélancolique, à chacun de ses pas vers le soleil...

Notre expédition, en principe, avait eu le programme suivant :

1º Aller à Bello Horizonte, la nouvelle capitale de l'État de Minas Ceraes ; rayonner quelques jours autour de la ville, visiter les centres aurifères de la région, et préparer là notre voyage à mule, notre vrai voyage dans le *sertão*.

2º Faire à mule le trajet de la Serra da Piedade au rio São Francisco, le long de la Serra do Cipo, en visitant les cascades du Cipo et du Parahuna.

3º Descendre le São Francisco en barque, chassant et pêchant. Des empêchements imprévus ne nous ont permis d'accomplir que les deux premières parties du programme, mais elles m'ont amplement satisfait, et j'en garde un impérissable souvenir.

Le 6 octobre 1912 nous prîmes le train à Rio de Janeiro où nous trouvions depuis quelques jours pour aller à Minas. Notre *party* comprenait le ménage A. de M. F...., mon beau-frère le Comte Guillaume de S. P.... et moi.

J'avais déjà voyagé quelque peu au Brésil jusque là, mais presque uniquement sur des compagnies particulières de chemins de fer : la *São Paulo railway* qui va de Santos à São Paulo et qui est anglaise, la *Paulista*, brésilienne, la *Mograna*, américaine. On y était admirablement : wagons larges, confortables, propres, avec des fauteuils de bambou dans de vastes salons : fumoirs, couchettes, restaurant, tout le confort et le bien-être que l'on peut désirer. Cette fois nous faisons l'essai de la « Central ». La compagnie dépend de l'État.

Nos lits retenus heureusement, de longue date, se faisaient suite dans un long wagon étroit, où la poussière des voyages successifs s'était copieusement amassée. J'avais vu dans les Jules Verne illustrés de mon enfance de semblables dortoirs : Philéas Fogg en compagnie de Passe-Partout était représenté dans un wagon identique. Mais depuis cette époque, déjà presque historique, on a fait des progrès partout en locomotion confortable, au Brésil surtout. Notre wagon était une exception fâcheuse. De chaque côté de l'étroit couloir du milieu, deux rangs de couchettes. Un rideau vert les isole, servant à cacher du même coup les deux lits superposés, si bien qu'il y a fatalement conflit entre les occupants au sujet de la fermeture ou de l'ouverture dudit rideau. De plus le wagon ne s'éclaire que par des fenêtres donnant sur la couchette du bas : alors, ou bien tout le monde étouffe, ou bien le condamné de dessous est en peu de temps enlinceullé d'une couche épaisse de poussière et de noir de fumée...

Toute la nuit, la longue et moite nuit couleur et

goût de fumée, nous fûmes secoués au hasard des courbes tortueuses et grinçantes.

Nous devions arriver à six heures du matin à un embranchement appelé Miguel Burnier, du nom d'un ingénieur d'origine française célèbre dans la région. Mais nous n'y sommes parvenus qu'à huit heures et demie... naturellement !

Levés, nous avons vu défiler stations après stations, de petites localités portant des noms indiens comme : *Carandahy*, *Congohas*, *Itabira*, ou des noms de célébrités brésiliennes, Mathias Barbosa, Barao de Cotegipe, João Ayres, etc. Une gare s'appelait La Fayette, et c'était un peu triste de voir cette renommée classique échouer là dans ce petit trou de montagne.

A Miguel Burnier on descend et l'on prend « la voie étroite ». De 1 m. 60 l'écartement des rails passe à un mètre. C'est dire si la largeur du wagon s'en ressent... De plus, comme il n'y a pas de troisièmes, on a en première le public des secondes. Les passagers ont des teints se rapprochant davantage de l'ébène ; les mœurs y sont plus primitives, plus simples, presque bibliques. Un couple devant moi est touchant : l'homme, à tête d'honnête piémontais, vêtu de blanc immaculé, se tient droit dans son fauteuil à deux places ; sa compagne, une grande belle quarteronne, souple dans une horrible robe vert-épinard à garnitures d'un rose enfantin, laisse aller sa tête sur l'épaule de l'aimé...

Sur la route de Bello Horizonte.

Le « Rio das Velhas »

CHAP. II. — OU L'ON VA VERS BELLO HORIZONTE

Elle a les cheveux assez lisses et d'une abondance invraisemblable, la peau à peine ambrée ; la race se retrouve seulement dans les lèvres épaisses et fermes sur les dents blanches qu'elle montre sans cesse dans un puéril et naïf sourire, dans les yeux aussi, noirs, profonds, dont le lobe semble de l'émail.

Il fait très chaud, très sale, et le train ne marche plus du tout. Lentement, entre chaque station minuscule, il remorque à grands à-coups son convoi cahoteur. Les chaînes grincent, les barres d'attelage se tendent brusquement au risque de se briser comme verre à chaque fois, les roues liment et gémissent aux courbes de plus en plus fortes, et, pour brocher sur tout cet infernal bruit, la locomotive hulule comme une sirène de paquebot, d'une voix nullement en rapport avec son exiguité de joujou mécanique... C'est le revers de la médaille : voyons sa face...

Elle est charmante, la face. C'est d'abord le paysage d'une beauté, d'une grandeur, d'une majesté surprenante. Depuis Rio de Janeiro, nous montons insensiblement le long des pentes de plus en plus abruptes jusqu'à onze cents mètres d'altitude. La ligne suit l'Itabira, petit affluent du *Rio das velhas*, la rivière des vieilles, puis le rio lui-même. De longues et hautes ondulations couvertes d'une végétation sombre montent du thalweg où l'eau claire écume à de grosses pierres de minerai.

Des figuiers, des *jiquitibas*, des cèdres, des *coqueiros*, et puis, piqués çà et là dans la verdure sévère, de gros bouquets jaunes, mauves, rouge-vif, qui sont des arbres de haute taille, follement fleuris et d'une exubérance extravagante de tons. Le ciel bleu léger — nous sommes au printemps — semé de petits nuages effilochés, s'enlève très haut sur tout cela et les crêtes se découpent en valeur.

De loin en loin un village avec toujours une ou deux, ou trois églises poussées là comme des bouquets blancs, bleu-pâle ou roses, avec deux petits clochers carrés et des tympans rococo au-dessus des toits plats et bruns.

A.... est bien le plus aimable compagnon qui soit. C'est un causeur, c'est un lettré, du reste un des grands romanciers du Brésil contemporain. Il sait à fond l'histoire et les histoires de son pays qu'il adore, et il aime à les raconter, à les dire, et cela dans un français choisi. Depuis que nous sommes entrés dans l'État de Minas, le sien, il jubile ! Il est venu s'asseoir à mes côtés, et, inlassablement, avec une complaisance infinie, se passionnant à son sujet, il explique la vue, il nomme les localités, il bonimente le film suprêmement captivant du paysage à mesure qu'il se déroule à la fenêtre.... Des gens s'arrêtent de causer, écoutent... Bientôt, tout le wagon s'intéresse à la leçon, comprenant les gestes puisque les paroles françaises leur restent closes. On nous regarde beaucoup, mais sur aucune de ces figures souriantes et aimables je ne vois le moindre symptôme de moquerie ou de pitié dédaigneuse. Et pourtant nous sommes des étrangers, c'est-à-dire presque partout l'être dont il faut rire, inférieur et grotesque! Il ne semble pas en être ainsi... et je m'en réjouis.

A.... continue sa leçon d'histoire. C'est par lui que je sais mieux, et dans leur cadre, les exploits de ces bandes d'aventuriers partant de São Paulo, pendant toute la durée du XVII° et XVIII° siècle, pour s'en aller dans l'intérieur à la recherche de l'or. C'étaient les Bandeirantes, colonnes de pénétration, véritables expéditions militaires qui s'en allaient à travers le *sertão*, la forêt vierge, les ravins et les monts, remontant les fleuves, campant aux sources ou sur les hauts plateaux. Derrière le chef, portant presque toujours un des plus vieux, un des plus beaux noms du Portugal, héroïque cadet de famille, les bannières écussonnées se déployaient, et bruyamment dans les marches brûlantes au soleil ronflaient les grands tambours de guerre... Après, c'était la cohue des cavaliers aux selles rapiécées sur de maigres rosses, empanachés, haut bottés, la rapière de fer au côté, le gorgerin d'acier au col, les piétons avec leurs mousquets à mèche, leurs piques et leurs vestes de cuir percées de sueur, les prêtres noirs et blancs, séculiers ou moines. Puis la longue file des mules, des litières avec femmes et enfants, troupeaux et volailles, parmi lesquels hâves, affamés, l'on poussait les captifs enchaînés à des jougs de bois dur... C'était l'exode d'un peuple, la marche des conquérants !...

Aux lieux où ils s'arrêtèrent poussèrent des villes, et de chaque *arraial* ou campement un peu prolongé sortit une cité qui fut florissante un temps... le temps de l'or.

Elles s'endormirent ensuite quand on vint à manquer le fabuleux métal... elles sommeillent encore... ces dorées !...

Avec le vieux Fernão Dias Paes Leme, qui se tenait encore droit en selle à quatre-vingts ans, des bandes parcoururent toute la région de Minas, jalonnant de villes leur route... Elles allèrent jusqu'au Parana et à l'Uruguay chercher noise aux missions espagnoles. Ce qu'ils voulaient ces vagabonds héroïques, c'était surtout asservir les indigènes pour les faire travailler aux mines ; les Jésuites défendant leurs catéchumènes, des guerres continuelles en résultaient, qui fourniraient la matière à cinquante épopées. Ces hommes pourtant n'étaient pas irréligieux : cupides, brutaux, dévorés de la soif de l'or, sans maîtres mais non sans Dieu, ils croyaient, ils priaient. Une petite chapelle marquait toujours le centre de l'*arraial*, et ces minuscules sanctuaires de bois treillagé et de boue rouge tassée, *adoba*, quand la cité prospérait, devenaient de grandes belles églises à tympans et à portiques, tout ornées de boiseries, de marbres polychromes, et dorées avec l'or de la mine voisine. On y trouve encore à présent de ces sculptures massives et naïves, en plein bois d'ébène, d'acajou, de palissandre, durs comme du fer! Des peintures aussi les ornaient dans leurs cadres rococo et surchargés, ne rappelant que de très loin l'art de la même époque dans l'Europe d'alors. Mais combien originales, ces bâtisses, et savoureuses, à cause de leurs défauts mêmes, si typiques. Des lampes d'argent, des chandeliers, des ostensoirs, des vases sacrés d'argent et de vermeil ont longtemps composé le « trésor » de ces vieux sanctuaires. Ils n'ont disparu qu'avec l'arrivée dans le pays du travailleur moderne, des néo-vandales de la civilisation.

A.... dit tout cela avec son intarissable bonne humeur, et le train chemine le long du rio où s'abreuvent de maigres bestiaux, où pêchent des gens bronzés et mi-nus qui lèvent vers nous au passage de bonnes figures souriantes et font tourner à bout de bras rapidement de larges panamas rustiques, en *sapé* tressé. La chaleur augmente, la poussière aussi. Midi s'approche, l'heure ardente, l'heure assoupie. Le convoi se hisse péniblement, bruyamment, aux dernières pentes. Voici Sabarà, puis General Carneiro, les deux dernières stations. Nous arrivons.

— Où est la ville?

Ma question fait sourire A....

— Mais là... attendez!

Je vois dans le lointain, toute bleue dans le bleu intense du ciel, une montagne très haute à en juger par la distance, et qui semble quelque gigantesque tumulus, *la Serra da Piedade*, où nous irons en pèlerinage.

— Ah!... C'est beau!...

Un petit silence plein de bruits de ferraille, puis mon beau-frère de demander à son tour :

— Mais... et cette ville?...

— Là!...

On ne voit que des masses de verdure un peu plus clairsemées, et, jetées comme des graines au vent, de ci, de là, des maisons blanches, roses ou vert-pistache avec des toits plats de tuiles rouges... d'autres échafaudées qu'on bâtit. Tout cela dans les arbres, vert foncé, vert clair, jaunes, mauves, trapus ou élancés, *jiquitibas* ou *coqueiros*, figuiers ou bananiers ; ce n'est pas une ville, c'est un bois.

— C'est le Bois, dis-je au plus parisien des Brésiliens. Il sourit.

Une tranchée, une usine, des arbres encore.

— Le jardin public.

Tiens! oui, c'est vrai, ce doit être une ville, la Ville, voilà des trolleys sur des poteaux rouges... et des candélabres électriques. Le train siffle, mugit plutôt, avec les poumons de bronze de sa sirène marine, s'arrête à une petite station crénelée et donjonnée en forme de Burg romantique, oh! ces misérables architectes allemands! On descend! C'est Bello Horizonte.

Nous sommes arrivés.

CHAPITRE III

De Bello Horizonte

~~~~~~~~

Bello Horizonte ! Elle mérite bien son joli nom, la charmante ville, neuve, blanche, propre et bien alignée le long de ses avenues boisées. L'horizon, la vue y est remarquable : c'est aussi bien pour cela et à cause de l'excellence des eaux, que l'on a choisi, pour y bâtir une ville, ce haut plateau éloigné de tout centre ancien.

Bâtir une ville : c'est tout simplement cela qu'on a fait il y a quinze ans. On a bâti une ville, une capitale d'État même, comme on bâtit une maison, une usine, une cité ouvrière.

On a fait un plan — le plan d'une grande ville pouvant contenir de 5 à 600.000 habitants, pour commencer, avec des palais gouvernementaux, des églises, des écoles, des banques, des hôtels, des casernes, un théâtre, une gare, dans de larges percées avec voies montantes et descendantes séparées pour les automobiles des lignes de tramways électriques, des refuges au milieu des boulevards et des places, de vastes trottoirs bordant de coquettes villas au fond des jardins. Toutes les avenues seraient jalonnées d'arbres verts, avec triple et quadruple rangée de candélabres électriques.

Le plan que l'on a montré à l'*Imprensa nacional* offrait l'aspect d'un vaste quadrilatère, que découpaient en carrés égaux d'autant de quartiers, des avenues à angles droits avec le système secondaire de leurs rues rectilignes, quelque chose comme un damier que l'on aurait subdivisé.

Quand ceci fut fait, vu et approuvé, les ingénieurs, les architectes... les fondateurs, partirent à la recherche d'un terrain propice. Après quelques hésitations, quelques discussions, où la politique n'eut pas trop à voir, leur choix s'arrêta sur le haut plateau situé à une quinzaine de kilomètres de l'antique Sabara — à peu près à la même distance de la mine anglaise de Moro Velho, célèbre par l'abondance de son or.

L'air y était très vif, la place éventée par des corridors naturels taillés dans le cercle des hauteurs d'alentour, les eaux abondantes et de superbe qualité, pouvant alimenter une agglomération d'un million d'hommes — disaient les calculs. De grands beaux arbres y formaient un *matto* de belle venue, éclairci de lui-même et tout verdoyant. Et l'on avait devant soi, de quelques côtés que l'on se tournât aux quatre points cardinaux, une vue de plusieurs dizaines de lieues sur des cimes bleues, arrondies

Un village sur la route de Bello Horizonte.

Bello Horizonte. — Aspect partiel.

Bello Horizonte. — Place de la République, Théâtre municipal.

ou découpées... C'était un bel horizon... ce devint Bello Horizonte !

Le plan admirablement conçu fut scrupuleusement appliqué.

Le granit des hauteurs, la tuile et la brique des fonds humides, servirent de matériaux, et l'on avait sous la main les plus beaux bois de charpente. Des avenues traversèrent le *matto*, et partout où l'on put, l'on respecta les arbres de la forêt primitive.

Des villas basses aux toits plats s'échelonnèrent le long des rues — aux noms d'illustres personnages régionaux. On donna en concessions les lignes de tramways, l'éclairage et la force électrique, le service des eaux, de la voirie, du téléphone, des messageries : bref, on créa une ville moderne, avec tous ses organes et ses services.

Des gens y vinrent, appelés des environs, d'Ouro Preto surtout — l'ancienne capitale rétrogradée. — Des étrangers y ouvrirent des boutiques, paulistes pour le commerce local, américains et anglais pour les banques et l'industrie, françaises pour les modes, italiens et nègres pour les gros ouvrages, Juifs et Turcs pour les besognes louches, Allemands un peu pour tout, plus spécialement pour l'importation et la vente de leur infâme camelote à bon marché.

Bello Horizonte se peupla. Pas autant pourtant que l'on pouvait, que l'on était en droit de l'espérer, après un si louable et courageux effort d'initiative.

Dix ou quinze mille âmes au lieu de huit cent mille attendues, du million rêvé, c'est peu ; mais la ville n'a que quinze ans d'âge et ici tout pousse vite : les arbres des rues ont déjà l'air de cinquantenaires de chez nous, et chaque quartier hérisse de multiples échafaudages ses nombreux terrains libres.

Les suburbains font tache d'huile. Bello Horizonte sera peut-être une grande ville un jour : elle a déjà l'air d'y songer.

L'utopie avait été de voir trop grand. C'est un peu le défaut des gens d'ici — défaut louable s'il en fut —; seulement on a des désillusions parfois, et de dures... Aux *Estados Unidos do Brasil* on admire beaucoup les *United States* de l'Amérique du Nord et l'on s'hypnotise un peu aux faits et gestes de ses libres citoyens. Un livre remarquable a été écrit à ce sujet, qui a eu les honneurs de la censure. *A illusão americana* par Eduardo Prado : — il n'est malheureusement pas encore traduit en français. — La poussée invraisemblable, monstrueuse, des « villes champignons » a fait rêver un peu, sans doute, les architectes de Minas Geraes. Ils voulaient une capitale, non seulement à leur État, mais une capitale fédérale même, en remplacement de Rio de Janeiro, le lieu choisi étant sensiblement au centre des États confédérés. Ils durent déchanter.

Ce qu'ils ont fait est déjà fort beau : une grande belle ville sortie en quinze ans d'un bois, c'est un assez joli résultat, ils ont de quoi être fiers. — Car on ne fonde pas toujours une ville comme on construit un immeuble, avec autant de réussite. Il faut qu'une cité se forme d'elle-même, petit à petit, par la lente agglomération des intérêts, des besoins, par l'apport raisonné du dehors, par l'énergie tenace du dedans.

L'histoire, la géographie, l'ethnographie, avec leurs bouleversements, leurs révolutions, leurs évolutions, travaillent à cette concrétion que le temps maçonne. Un simple décret ne saurait remplacer le travail sourd des forces naturelles. Que de villes célèbres jadis, qui ne sont plus que d'insignifiantes bourgades. Dans un rayon de quelques cents kilomètres autour de la jeune capitale on les compte nombreuses. Il ne faut pas voir trop grand, il ne faut pas vouloir du « trop vite ». La sagesse est de travailler avec le temps.... sinon de le laisser faire.

Si Bello Horizonte ne ressemble que de loin, très loin, aux cités cryptogamiques du Far-West, elle n'en est pas moins charmante : tout y est si neuf ! Je n'aime pas beaucoup en général le tout-neuf, mais ici tout est si gai, si propre, si soigné avec un tel air de bonne humeur partout répandu, d'enthousiasme communicatif, de jeune et saine vaillance, de confiance en soi, de foi aux lendemains, que l'on est de suite conquis.

Les rues sont bien entretenues, malgré les fréquents et terribles orages qui les dépavent et les ravinent brusquement. Les monuments publics sont vastes, clairs, aérés, confortables, soumis aux lois d'une méticuleuse et implacable hygiène. Partout des arbres, de nombreux squares sur les places avec de la verdure à profusion, des fleurs, des pièces d'eau, de larges vasques de fonte aussi, servant à abreuver quotidiennement les bêtes de somme assoiffées, mulets, ânes, vaches et chevaux de trait ou de bât. Le service d'ordre est parfait, les tramways, ou « bonds » sont propres, la police vigilante et ferme.

Les chauffeurs de taxi sont bien un peu inexpérimentés, mais il y a si peu de temps qu'il y a des taxi... Et puis, quand on aura fixé à... seize ans par exemple, l'âge minimum pour obtenir son permis de conduire, on aura moins de chances de se tuer en confiant sa vie — ainsi qu'on est un peu forcé de le faire — à des enfants en bas âge qui jouent au chauffeur.

Les maisons n'ont rien d'autrement remarquable que leur extrême propreté et leur apparence gracieuse de villas de banlieue. De ci de là, à leur aspect déroutant, on reconnaît la lourde patte des Teutons — et c'est tant pis. — Le « Modern style » sévit un peu trop ici, et non pas même le « Modern style » des cottages anglais ou des chalets de certaines plages normandes ou bretonnes, ce qui pourrait être acceptable à la rigueur, mais celui plus grave, plus directement, plus agressivement contraire au goût, qui règne en tout pays d'influence allemande !

A Bello Horizonte on trouve de temps en temps de ses goîtres en pierre accolés aux belles formes de la montagne.

La gare, les Postes, la *casa* X ou Y, sont « kolossales » et teutonnes : on y vend des jouets allemands et des défroques qui amuseraient Hansi !

Dieu sait pourtant que la population n'a rien de germain... elle est gaie, vive, bavarde, amie des couleurs claires et des discours sonores, des longues flâneries méridionales aux fenêtres et aux coins des rues ; elle est sobre, aimable, hospitalière et simple. Tout cela n'est pas saxon, mais voilà... la politique aidant — et quelques diables de la Sprée les y poussant aussi — des entrepreneurs prussiens ont eu la concession d'abîmer la ville avec leurs petites horreurs au rabais. Heureusement qu'ils n'ont eu ni le temps ni les moyens de tout gâter encore, et qu'il reste assez d'esprit latin ici pour rasséréner.

Au sortir de la gare, les « babys-chauffeurs » nous conduisent à tombeau ouvert chez les parents de A... où nous devons habiter pendant notre séjour.

Il est impossible d'être plus largement, plus simplement, plus affectueusement hospitalier. La maison est nôtre... Ce n'est pas une phrase malgré que ce soit une expression de bienvenue, c'est le mot vrai — nôtre — et tout y est si bien. Un ordre parfait, une propreté méticuleuse y règnent, témoignant de l'attention constante de la maîtresse de céans. Il y fait frais, reposant, on s'y trouve à l'aise — au propre et au figuré. Et puis quelle table... avec cette bonne et plantureuse cuisine brésilienne, presque entièrement végétarienne. On y trouvait cependant la *carne de porco*, la *carne de vacca*, le *carneiro*, porc frais, bœuf et moutons rôtis; mais les pâtes, les légumes et les farines sont les plats préférés. C'étaient les innombrables façons d'arranger le riz du pays — *arroz nacional*. les *feijoes* sorte de gros haricots noirs, les mélanges de manioc, de maïs et de viandes, la *passoca*, viande hâchée à la banane, au manioc et au riz, le *fuba*, l'*angu*, qui nous faisaient des menus abondants et savoureux.

On s'ingéniait à nous découvrir des plats inconnus encore.

— *Não gosta ?...* Vous n'aimez pas ?

Gosto, gosto... était notre réponse immédiate... et le mieux c'est que c'était vrai quatre-vingt-dix neuf fois sur cent.

On apportait le couscouss au poisson et à la volaille avec des œufs, des crevettes et du piment, souvenir des anciennes cuisinières au temps proche encore des esclaves ; les *torresmos* petits bouts de lard frit, coupés en fins morceaux, les *coves* min-

eiros ou choux verts découpés en minces lanières un peu comme des nouilles qui seraient des épinards. La *canja* ou poule au pot, la *canjica* soupe au maïs assaisonnée au safran ou aux piments, le *cara*, le *chuchu*, sortes de raves et de concombres, les patates douces et sucrées. On mangeait en salade du *palmito*, le cœur de ces hauts palmiers grêles et vert-clair dont se pique partout la campagne ; on abat un arbre pour une salade... mais il y en a tant et qui poussent si vite, tout seuls.

Les repas étaient pour nous généreusement arrosés de vins français, portugais et italiens des meilleurs crus. La cave du sénateur de M. F.... est connue et cotée ; les autres convives buvaient de la bière de São Paulo, qui vaut les meilleures bières allemandes, ou tout simplement de l'eau glacée dont on fait ici un usage immodéré. On finissait par le *requeijao* le fromage particulier à Minas, avec de la *goiabada* marmelade de goïaves. Tous les fruits de l'Europe et puis ceux si spéciaux d'ici : c'étaient avec les bananes, les oranges, des plats entiers de *jaboticabas* sortes de cerises noires à chair blanche et juteuse, les *abacaxis* ananas pâles et sucrés servis tels quels avec leur écorce, les avocats, les mangues... que sais-je ?... une multitude de fruits plus excellents les uns que les autres. Ce que je goûtais moins c'était la quantité de crèmes fouettées ou non et tout ce que l'on peut faire de fade, de sucré et de blanchâtre avec du lait, des œufs, du sucre, de la vanille et des fleurs d'orange : *doce de leite, fios d'ovos, doce d'esperança*, etc., etc...

Dans tout le Brésil, on prise fort les sucreries... les douceurs,.. mais on comprend très bien que des palais français mettent quelque temps à s'y habituer.

Enfin c'était le café — boisson nationale, celle qui fait la richesse du pays, — on ne boit pas cela n'importe comment.

Devant la maîtresse de maison on apporte tout le petit attirail : cafetière, tasses minuscules, sucrier plein de sucre en poudre, impalpable, bien raffiné à la maison... et lentement, comme pour un rite, après avoir été échaudée, chaque tasse est versée, distribuée à chacun selon son rang et son importance, la gradation, allant d'un bout à l'autre de la longue table étroite dont la mère de famille occupe seule le petit bout. Les hommes restent alors à fumer en buvant soit nos liqueurs de marque, soit la *caninha* eau-de-vie blanche de canne à sucre, forte et aromatisée.

Tout cela est simple, familier... familial... on sent si bien que l'on fait partie de la maison dès que l'on y est entré.

Le souvenir de toutes ces choses est doux, reposant : il ne s'efface pas comme tant d'autres.

Comme nous sommes chez des gens très connus, très bons, très aimés, c'est un incessant défilé de visiteurs qui vont, qui viennent, qui s'assoient,

Bello Horizonte. — Place de la Station.

Bello Horizonte. — Place du Chemin de fer.

causent un instant et partent quand il leur en prend fantaisie, sans nul protocole autre que l'extrême politesse obligeante de règle ici.

On a reculé le repas pour nous Français qui mangeons tard. A onze heures le déjeuner, à six heures et demie le dîner. Mais les Mineiros, qui font leur *almoço* à neuf heures et demie et le *jantar* à cinq heures, entrent pendant que nous sommes à table faire leurs visites, causer un peu... et puis ce qui est bien naturel au fond, nous regarder... sans en avoir l'air.

Alors, sans façons, ils s'installent au bas bout, et s'ils ont encore de l'appétit, prennent leur repas où il en est, sinon ils attendent le café, car cela ne se refuse jamais. En effet, on boit ici indéfiniment, comme en pays d'Orient, les microscopiques tasses offertes sans cesse et partout.

C'est patriarcal, et cela fait remonter aux vieux us de jadis... aux siècles écoulés. Et puis c'est très semblable, au fond, aux coutumes de nos vieilles provinces, avant que la mode n'ait tout banalisé en coulant tout au moule cosmopolite de Paris. C'est bien la même chose, jusqu'aux heures des repas qui sont presque les mêmes que celles de nos grands parents... que celles de cousins aussi, restés au pays dans quelque coin reculé de Bretagne, d'Auvergne ou de Gascogne.

Presque tout le monde parle un peu français, ou du moins s'y essaye. Et nous sommes lamentables, nous deux, qui ne savons dire que *bom dia... até logo...* ou *obrigado...* et encore notre accent doit être si bizarre ! Il faut que les gens soient joliment polis et bien élevés pour ne même pas sourire.

Tous conversent en français — plus ou moins pur évidemment — mais toujours avec une bonne volonté, une absence de pose et de respect humain vraiment remarquables.

La question « domestiques » si intéressante partout et qui prend en certains pays l'importance des grandes questions sociales, n'a pas encore été résolue à Minas. Depuis l'abolition de l'esclavage, on n'a pas remplacé les serviteurs noirs par des Européens, comme à Rio ou à São Paulo, c'est trop loin, ils n'y viendraient pas. Ce sont les descendants des esclaves de jadis qui font le service dans les maisons. Il est partout, naturellement, assez médiocrement fait. Mais nul n'y porte attention. Chacun prête à chacun son aide, tout simplement, sans fausse honte, sans ostentation, et tout s'arrange pour le mieux.

Faça o favor?

Obrigado... muito obrigado...

S'il vous plaît !... Merci... merci bien !

L'affaire est faite. Et quand on a pour vous remercier un joli sourire aimable en plus, on se trouve payé au centuple... parfois même on provoque le petit service... pour avoir le joli sourire.

Nous sommes restés huit jours à visiter la ville de Bello Horizonte et ses environs, et grâce à l'extrême obligeance de tous, non seulement des amis et de leurs amis, mais même des autorités, nous avons tout vu... admirablement.

CHAPITRE IV

La cité et ses monuments

Nous avons été traités à Bello Horizonte comme des personnages.

Le lendemain de notre arrivée, les journaux, tous les journaux renchérissaient l'un sur l'autre, rendaient compte de notre venue, du séjour que nous allions faire dans la ville, de nos projets « de voyage dans l'intérieur » et cela avec les plus grands détails sur nos noms, qualités, tenants et aboutissants. Il n'était question que « des deux Français officiers de haute patente » (je traduis littéralement) qui logeaient chez le sénateur de M. F., au fils duquel, le grand romancier A.... ils étaient apparentés, qu'ils venaient « étudier l'État de Minas et plus spécialement les mœurs de l'intérieur », etc., etc. On nous attacha, par décret présidentiel, un capitaine de la Force.

« Pendant toute la durée du séjour des deux officiers français », disait la décision qu'on nous montra, « le capitão de M.... sera distrait de son service, lui, son cheval et son soldat d'ordonnance; il touchera une indemnité spéciale et sera attaché à leur personne. Des chevaux de la Force publique seront mis à la disposition de ces officiers pour les excursions ou voyages qu'ils auraient à effectuer dans l'État....

Nous étions à déjeuner quand une lettre nous fut apportée. Elle émanait du directeur de la compagnie des tramways et nous prévenait qu'un *bonde especial* était mis à notre disposition pour visiter la ville.

Dans la journée nous vîmes, en effet, une voiture avec wattman et conducteur en tenue numéro 1 s'arrêter devant la maison du sénateur. Le directeur de la Compagnie vint à nous et A.... nous présenta. C'était un homme jeune encore, très distingué, parlant français avec beaucoup de facilité. Plusieurs fois ministre des finances et de la justice, il dirige à présent la Compagnie fermière électrique qui éclaire la ville et la concession des tramways.

De deux heures à quatre, nous parcourûmes la cité en tous les sens, sur toutes les lignes. Partout nous découvrions une merveilleuse vue. Au premier plan, quelques maisons éparses le long des avenues d'un beau rouge-violet, de petites *chacaras* ou maisons de campagne dans des jardins de palmiers, de bananiers, d'orangers et de *jaboticabeiras*, puis des vallonnements coupés par des lignes sombres, de profonds ravins, enfin comme toile de fond là-haut, très haut dans le ciel d'un beau bleu, le bleu plus accentué de la Serra. A l'ouest de la ville, la chapelle de la Piedade se détache, imperceptible point blanc, à des lieues, sur la hauteur imposante et pyramidale du mont.

Les quelques monuments à voir étaient trois églises, les palais du gouvernement, la Poste, l'École de droit, le Palais de justice, l'Imprimerie nationale. Tout cela, naturellement moderne, présentant l'aspect des Palace Hôtel, des restaurants du Bois ou des Kiosques d'expositions universelles. du pseudo XVIIIe mâtiné de grec officiel .. on dirait d'un devoir bien fait pour un premier prix d'architecture.

Nous fûmes reçus aussi par le Président de l'État [1], homme affable et bienveillant qui nous fit le plus gracieux accueil, mettant à notre disposition ce dont nous pouvions avoir besoin pendant notre séjour, en guides, véhicules, chevaux, etc., et nous souhaitant la bienvenue, la main cordialement offerte. Il ne fut point fait mention chez lui, entre autres qualités, nous particularisant, de nos opinions politiques et religieuses : on eût pu le faire cependant, ces choses n'étant pas au Brésil, et à Minas spécialement, incompatibles avec les situations officielles.

---

1. Le président de l'État de Minas Geraës, le Dr Wenceslao Braz est devenu depuis Président des États-Unis du Brésil.

Bello Horizonte. — Administration des Postes.

Bello Horizonte. — Parc.

Bello Horizonte. — Place de la Liberté.

Bello Horizonte. — Place de la République.

CHAPITRE V

La force publique et ses gens d'armes

~~~~~~

Notre qualité de militaires nous faisait un devoir de visiter les casernes de la Force *O quartel*; nous n'y manquâmes pas.

C'est, à l'une des extrémités de la ville une agglomération de bâtisses blanches derrière un imposant mur d'enceinte, ayant un peu l'aspect des quartiers de cavalerie que l'on a récemment construits dans nos principales villes d'Algérie. Cela me rappelait, au premier abord, d'une façon saisissante, celui des « Chass. d'Af. » à Oran.

Accompagnés du *capitão* de M.... et de notre cousin, nous descendîmes de notre fiacre devant le porche où le factionnaire nous porta les armes à la française, avec son mauser.

Il était en kaki, pantalon et képi à bandes rouges avec des buffleteries blanches se croisant sur la poitrine. L'officier de garde accourut aussitôt. Il y eut des présentations, des saluts militaires échangés, avec des poignées de main, et des talons qui se choquent bruyamment à la prussienne. Le capitão de M.... nous fit tout visiter, sans nous faire grâce d'un détail. Il faut dire que tout ce qu'il nous montrait nous intéressait fort et que nous suscitions une nouvelle explication après chaque explication donnée.

Notre guide ne savait pas le français, nous, nous ignorions alors totalement le portugais, et A.... était plus ferré sur les exploits de Paes Leme que sur les attributions du *capitão major*, et les colonnes des Bandeirantes l'avaient toujours plus intéressé que l'école de bataillon ou d'escadron, les mousquets à rouet plus que les mitrailleuses Maxim. Mais, interprète plein de bonne volonté, il traduisait littéralement les questions les plus techniques, les descriptions les plus théoriques ; et puis d'ailleurs, les choses militaires, cela se comprend très vite dans toutes les langues, dans tous les pays... entre militaires.

Les quelques détails qui suivent n'auront guère d'intérêt que pour ceux qui prirent à un moment donné la position du soldat au port d'armes et du cavalier à cheval... ils sont à notre génération, du reste, la majorité de la France.

Au Brésil, à part l'armée fédérale dont le siège est à Rio, et les détachements en petite quantité disséminés un peu partout, chaque État a sa police, sa Force, qu'il organise, arme, instruit à son gré, avec les instructeurs qu'il lui convient de choisir. Chez les uns, cette police n'est qu'une simple gendarmerie, bénévole et paperassière, des bandes à la dévotion de la féodalité locale, grandes compagnies tapageuses du Nord, routiers semi-détrousseurs de l'Ouest; chez d'autres encore, comme à Rio Grande do Sul, elle forme une merveilleuse cavalerie semblable à nos goums algéro-marocains, ou comme à São Paulo, avec ces cinq mille hommes d'infanterie, de cavalerie et d'artillerie, instruits par les meilleurs de nos officiers français, un vrai petit corps d'armée redoutable par sa cohésion et sa discipline. Le jour où le Brésil sentira le besoin d'une action, c'est sur ces polices d'États qu'il devra s'appuyer, je parle de celles des États du Sud, São Paulo et Minas, pour pouvoir parler avec autorité.

La Force de Minas Geraes comprend six bataillons à l'effectif de quatre compagnies; deux sont casernés à Bello Horizonte, les autres répartis dans les villes de l'État. Il y a en plus ici un escadron à cinq pelotons. Tous les hommes sont des engagés ou des rengagés, et c'est là un spectacle étrange pour qui n'a pas vu nos troupes d'Afrique de la légion, de soldats gamins à côté de vieux « rempilés » aux cheveux gris.

La Force joue donc là-bas le rôle de notre gendarmerie et ce rôle présente les mêmes difficultés dans les deux pays, nos grèves étant remplacées par les émeutes politiques au moment des élections, et les soulèvements de *fanaticos*, insurgés politico-religieux dans lesquels se retrouve la vieille soif de conquêtes, d'aventures et de pillages, qui animait il y a deux et trois siècles les Bandeiras paulistes.

S'il n'y a plus de mines à conquérir à coups d'arquebuses et de mousquets, plus de coups de rapières aux éperdus fuyards dont on faisait des esclaves mineurs, il y a toujours, dans le *sertão*, largement à pêcher en eau trouble. Et quand des lieues de *matto virgem* séparent certains centres des lignes de chemins de fer, des coups de mains sont encore à tenter contre les *fazendas* écartées.

Pendant notre séjour à Minas, le Parana était le théâtre des atrocités causées par le « Monge José Maria », nègre sanguinaire sans rien de clérical, malgré son surnom de moine.

Le capitão nous narra plus d'une histoire où la poudre parla, plus d'un beau coup de *facão* donné de bas en haut, comme il convient. Ses yeux brillaient étrangement à ces récits, et mon cousin, lui rappelant son sobriquet du temps de ses colonnes, le faisait sourire avec un peu d'orgueil et de regret. *E' uma onça!* c'est un jaguar !

Voici une de ces anecdotes, vieille alors à peine de quelques mois.

Une section de la compagnie des troupes fédérales garnisonnée ici s'était un beau jour révoltée. Sous le prétexte que quelques-uns d'entre eux, pris de boisson, avaient été arrêtés, puis emprisonnés par des agents de police, une trentaine d'hommes sortirent un soir de leur cantonnement près du champ de courses et se répandirent, armés, en ville. Tous les « policemen » rencontrés furent tués à coups de fusil ou de baïonnette. Ils y auraient tous passés individuellement, si l'on n'avait été, de vive voix, prévenir au quartier.

Les mutins, en effet, avaient pris la précaution de couper le fil téléphonique reliant la caserne au Central. Le bataillon prit aussitôt les armes, quelques feux de salves eurent raison des énergumènes, mais les murs de nombre de maisons portent encore la trace des balles tirées un peu hâtivement de part et et d'autre : nous pûmes toucher du doigt ces cicatrices sur notre maison. La compagnie fédérale, ses cadres tout au moins et ce qui restait de son effectif, fut rappelée à Rio, et, depuis ce temps, Bello Horizonte n'a plus en garnison que sa Force.

Mais revenons à nos gendarmes. Le quartier est d'une admirable propreté : l'hygiène y est supérieurement comprise. Tout est aéré, blanchi et lavé aux désinfectants. Les moindres pièces, les moins habitées, sont sans cesse «. courant-d'airisées, si l'on peut dire. Les chambres aux lits de fer peints en blanc, bien alignés sous leurs couvertures de coton blanc immaculé, avec, devant chaque couchette, un coffre où l'homme serre ses effets réglementaires et personnels. Pas de « charges » comme chez nous, pas de rateliers d'armes, ni de planches à bagages : les murs nus et blanchis à la chaux sont vierges de traces de clous, et le parquet est un dallage de ciment, frais, net et propre. Les fenêtres n'ont pas de vitres, mais elles se ferment avec des jalousies qui se redressent pour faire volet plein. La nuit, tout est éclairé à l'électricité. A côté de chaque chambre se trouve un magasin, avec les effets de rechange de la section, ses collections neuves et ses effets de campement, ses armes, fusils, baïonnettes, sabre de bas-officiers et officiers, clairons et tambours. L'armement est un mauser transformé; c'est une excellente arme, très juste, pas trop lourde, et qui est en usage dans tous les États du Brésil. J'ai fait avec elle des tirs intéressants à toutes les distances de la hausse.

La baïonnette courte, à lame plate et à poignée de bois, rappelle celle de nos servants d'artillerie; les tambours sont petits et plats, de provenance allemande, de même les sabres d'officiers, à garde de fer.

Le soldat a trois tenues : une blanche, une kaki, une de drap. Celle-ci comprend une tunique bleu-de-roi à col et à parements rouges, et un pantalon de couleur kaki, à bande rouge. Le képi kaki, à bandeau rouge également et à tresses noires, est muni d'une jugulaire en cuir verni, bleu, d'un effet très heureux. Les officiers sont galonnés d'or pour les parades, de noir pour la tenue de campagne, il en est de même de leurs boutons frappés d'un bonnet phrygien. Tous portent au col des numéros de cuivre modelé, indiquant l'unité.

Dressage d'un cheval pris au lasso.

La grande tenue des officiers comporte, avec le plumet de coq rouge, les contre-épaulettes en écailles de cuivre, les aiguillettes, dragonne et bandes de pantalon, dorées. N'était le képi qui est vilain de forme, trop haut avec une visière trop longue, un peu comme celle de nos disciplinaires, l'uniforme serait seyant. Il est toujours propre, bien ajusté, et coquettement porté, avec fierté, avec amour. Toute la troupe est en bottines jaunes ; cela étonne au premier abord, et puis si l'on réfléchit on trouve cela naturel. La poussière rouge d'ici ou la boue brique feraient mauvaise figure sur du cuir noir.

Les hommes n'ont qu'un grand repas par jour, celui de dix heures, qui est leur dîner. Ils ont du café noir au réveil, et à cinq heures et demie du soir encore du café avec du lait, du pain et du beurre frais *manteiga-fresca*. Cela leur est servi au réfectoire, avec des assiettes et des couverts d'une propreté irréprochable.

Du réfectoire, nous passâmes aux selleries et aux écuries de l'escadron. Les premières sont bien en ordre, vastes et claires, avec sur les chevalets des harnachements pareils à ceux de nos officiers d'infanterie française, l'ancien modèle : c'est, du reste, comme pour São Paulo, une maison française qui a la fourniture. On y a ajouté des fontes en cuir verni, à culot de cuivre, un poitrail à étoile de même métal et une sorte de schabraque ou long tapis de selle noir, à galon et étoile de drap rouge Les étriers de cuivre sont semblables à tous ceux d'ici, lamentablement étroits, on ne voit pas comment la pointe même des bottines d'ordonnance peut y pénétrer ; ils ont tous la botte de lance.

Le cavalier est armé d'une carabine mauser portée à la botte, d'une lance modèle 1823 et d'une latte de uhlan à garde de fer pleine.

Dans les écuries provisoires, on en bâtit d'autres, ainsi qu'un manège, sortes de hangars en plein vent, sont attachés sans litière les chevaux de l'escadron. La remonte se fait dans l'ouest de Minas ou dans le Matto Grosso. Elle se compose de bêtes du type de nos dragons légers : elles ont le chanfrein busqué du portugais et l'allure souple, répétée et détraquée de nos Barbes dont elles tiennent beaucoup. Nous devions sous peu éprouver leurs merveilleuses qualités d'endurance et d'adresse, car nous sommes passés sur ces chevaux, et de nuit, à des endroits où plus d'un aurait hésité de jour, et à pied !... Le capitão nous avait prévenu qu'en notre honneur, à six heures, on amènerait en fanfare le drapeau. Nous attendions donc, nous promenant de ci, de là, dans le quartier, allant de la salle des rapports aux locaux disciplinaires, des cuisines aux écuries, des chambres aux bureaux et magasins, lorsqu'un violent bruit de cuivres et de caisses nous fit accourir. En bas, dans la cour d'honneur, la musique était rangée. Le sous-lieutenant chef de mu-

Bello Horizonte. — Palais présidentiel.

Sur la route de Villa Nova de Lima.

sique nous salua d'une Marseillaise de circonstance, puis la fanfare sortit devant le porche.

La garde était déjà rangée, l'arme au pied. A vingt mètres de là, sur la place, un grand mât peint de vert et de jaune portait le drapeau claquant au vent. Nous nous rangeons auprès. Des commandements. On porte les armes. Tambour et clairon de garde sonnent aux champs, un peu sourdement, un peu tristement, à l'allemande. C'est la seule note discordante à l'aspect grave et beau du tableau. Un premier sergent s'approche, jugulaire chaussée, et défait la ficelle qui claque. Alors, tandis que lentement le drapeau descend dans le calme du soir, la garde présente les armes, et brusquement, bruyamment, la fanfare attaque l'Hymne brésilien. Nous, talons joints, têtes nues, nous saluons, venant vers nous dans les frémissements verts et jaunes de ses plis, le drapeau du Brésil... Le ciel à l'occident, là-bas au-dessus du Matto, par-dessus la Serra devenue violet-sombre, avait, semble-t-il, arboré lui aussi, les couleurs nationales... vert et or, piqué d'étoiles pâles!...

J'ai pensé alors à d'autres soirs déjà lointains, où sous un ciel aussi pur, dans des villes ou des camps aussi loin presque de mon « home » familial, avec la même gloire du soleil couchant, des hommes vêtus de toile, un peu comme ceux-ci, regardaient, la main au képi, descendre vers eux nos trois couleurs. Les clairons chantaient eux aussi la glorieuse chanson fredonnée aux quatre coins du monde par les clairons des anciens, et puis la nuit venait comme celle-ci, soudain, calme, majestueuse, impressionnante, par son chemin d'étoiles au bout duquel saignait l'horizon... mourait la lumière...

Et moi, la main à ma chéchia, très droit, l'âme dressée, le cœur battant, je fixais cette descente de toute l'attention, de tout le recueillement de mon regard, chaque soir aussi profondément, aussi sincèrement, aussi religieusement ému que le premier soir où je vis amener notre drapeau.

Ce soir, à Bello Horizonte, je fus presque aussi ému... car j'ai donné déjà à cette terre du Brésil un peu de mon grand amour pour la France.

CHAPITRE VI

Sur le chemin de l'or

La mine de Morro Velho — le vieux morne — est située à vingt kilomètres de Bello Horizonte, à l'Ouest, près de Villa Nova de Lima, cité assez importante aux siècles passés par l'affluence des chercheurs d'or, et qui s'appelait alors Congonhas de Sabara. Elle vit passer les Bandeiras de Paes Leme et de l'Anhanguera. Elle date en temps que mine de 1849 et fut ouverte sur l'emplacement d'anciens « champs d'or » où les Paulistes avaient fouillé aux temps héroïques. Jusqu'en 1860 elle fut très productive. En 1861 le filon se perdit, après l'effondrement des galeries. L'année suivante le travail reprit, et depuis, la mine a un rendement superbe. C'est une compagnie anglaise dirigée actuellement par M. Chalmers. Voilà en quelques mots l'historique de Morro Velho, tel que me le donna A...., la veille de notre visite.

Nous partîmes de très bonne heure. Bien nous en prit... La caravane était ainsi composée : A...,

Guillaume et moi sur nos chevaux policiers, le capitão et son ordonnance sur leurs chevaux d'armes. Nous étions escortés par un M. R..., ingénieur de la Compagnie, sur sa mule grise. A.... et mon beau-frère avaient des selles portugaises aux avances énormes portant croupière, larges comme des places publiques, profondes comme des tombes : on y était, paraît-il, admirablement assis ! J'étrennais, moi, un harnachement *nacional* tout neuf... mon rêve ! J'allais avoir l'air *cow-boy*... *gaucho*... et cela m'amusait comme un enfant de faire ainsi du Jules Verne en action. Pour ceux qui n'en ont jamais vu, voici de quoi se compose un harnais brésilien : — on verra qu'il convient très bien à ce qu'on lui demande, et répond bien aux conditions de l'équitation de là-bas. C'est d'abord la selle, *soccado*, à pommeau et troussequin de métal, au siège de cuir rouge, et dont la forme rappelle un peu les selles à piquer de Saumur.

Les étriers de métal plaqué argent, *estrivos*, pendent accrochés très en avant, à des étrivières, *loros*, gaînées dans le bas de métal ornementé. On pose sur le dos du cheval un premier tapis de laine et de crin tressé, *baixeiro*, puis un deuxième tapis de cuir ouvragé et repoussé, *carona*, puis la selle, fixée devant par un poitrail, *pectoral*, et derrière par une croupière, *rabicho*. Ces deux pièces ont toujours des ornements de métal, cuivre ou argent, plats comme des écus ou en ronde bosse. La sangle, large de trente centimètres, en crin tressé, est munie aux deux extrémités d'un gros anneau de fer dans lequel on passe les lanières de cuir vert formant contre-sanglons. Cette sangle, *barrigueira*, est renforcée par une autre plus étroite, de cuir ou de corde, appelée *sobre cincha*. Sur la selle on pose une peau de mouton, *pellegro*, un tapis de lin, *coxonilla*, qui ressemble à une serviette-éponge dont les brins auraient poussé, enfin brochant sur le tout, un tapis de selle, *badana*, avec des franges de cuir de la fourrure d'*onça* ou de chien sauvage, des piqûres rouges ou jaunes et des pampilles multicolores. Assis là-dessus on est indécrochable. La bride en cuir de tapir, *anta*, a une sous-gorge pendante ornée de plaques et d'étoiles — les étoiles du blason brésilien — elle n'a qu'une paire de rênes rondes, *redeas*, terminées en mèche de fouet.

Le mors, *freio*, à passage de langue très haut, à branches longues, est dur et brutal autant que le mors arabe qu'il rappelle beaucoup. Pour le compléter, un caveçon, *cabeção*, dentelé, en acier mince, comprime fortement le chanfrein. Avec de semblables instruments on comprend comment les cavaliers du *sertão* ont la réputation de ne jamais se faire décrocher. Si l'on ajoute que les chevaux d'ici, pétulants, tapageurs, nerveux, prompts aux demi-tours sur les hanches, aux lançades et aux sauts de mouton, n'ont absolument aucunes réactions, on s'explique le nombre considérable de centaures dont on parle... et que l'on rencontre d'ailleurs.

A peine avons-nous quitté les faubourgs, c'est-à-dire après le premier temps de trot, nous nous mettons à monter par un sentier étroit au milieu des éboulis de roches... et ça, c'est tout à fait... Atlas.

On a tout de suite une vue magnifique sur Bello Horizonte, derrière nous, qui s'éveille dans le brouillard et qui fume, piquée encore çà et là de la lueur bleue des dernières lampes à arc. Devant nous des nuages courent très vite sur les pentes vert-sombre, et semblent nous venir comme une marée montante. C'est bien une marée en effet, compacte, écumeuse, lourde et froide, un peu effrayante : seulement elle descend sur nous plus vite que nous ne montons vers elle.

Mon beau-frère et A.... cheminent devant et causent; — chasses probablement — le capitão fume *cigarros* sur *cigarros*, ces affreuses cigarettes que l'on découpe soi-même avec son *facão*, dans un un rouleau de chique, juteux, poisseux et âcre, que l'on roule dans une feuille sèche de maïs et qu'on rallume vingt fois avant de pouvoir en venir à bout... Dire que dans quelques jours nous n'aurons plus que cela et que je m'en délecterai !

Après avoir vainement essayé des frais avec l'ingénieur anglais, je l'abandonne à sa pipe, à son mutisme et au trot amblé de sa *mula*, et je rejoins les autres.

A.... sourit un peu de ma déconvenue, il a toujours vu ces messieurs de la mine aussi peu loquaces dès qu'on les questionne ; nous en rions ensemble, c'est tout ce que cela mérite.

— Pied à terre...

C'est au haut d'une côte... A.... désirait s'arrêter là, et j'ai commandé aussitôt, comme en colonne jadis, en souvenir. On ressangle les chevaux dont les selles malgré tout commencent à frotter les hanches. On regarde les pieds : tout va bien. Puis un tour d'horizon pour s'orienter. C'est superbe en dessous, à droite, à gauche. Des pentes vertes, prairies rase et taillis bas, avec des cascatelles qui semblent du linge à sécher, des maisonnettes comme des joujoux suisses et des troupeaux-miniatures. On se croirait un peu dans une affiche du P.-L.-M. par Hugo d'Alési, Alpes ou Cévennes. Au-dessus, c'est plus mauvais. Ça va même mal. Le brouillard s'épaissit et c'est à peine si dans cette atmosphère laiteuse, blafarde, et qu'on sent aphone, on peut voir où monte le sentier.

Ce ne serait pourtant pas du luxe, de savoir cela, car il monte et descend, ce sentier, avec une indifférence étrange, et sans raisons apparentes vous hisse comme sur un toit ou vous projette dans un puits. Nous y avons marché par instants sur l'extrême bord de ravins d'une jolie profondeur, et tandis que le pied droit surplombe le vide, le gauche, pour si peu qu'il soit « en bataille », accroche les aspérités de la paroi à pic ; et ce n'est, paraît-il, que le commencement. Cela nous présage de l'agrément pour tout à l'heure !

Dans le nuage.

« Déroulez, déroulez vos manteaux ! ! Je siffle la vieille sonnerie d'ordonnance, à la grande joie de A.... que les choses militaires de France passionnent à présent. Ce que c'est de se promener avec des gens de la « Légère ! »

On fait halte. L'ingénieur secoue sa pipe, ce qui lui fait desserrer les dents, met son caban et ouvre un parapluie. Les autres endossent leurs imperméables : quant à moi j'ai emporté contre la pluie, roulé au troussequin de ma selle, un long manteau de toile kaki absolument étanche. J'enfile une salopette de même étoffe pour me protéger les genoux ; ayant aux pieds des brodequins et des guêtres, graissés, j'ai l'air de partir pour « effouiller les choux », comme on dit chez nous. Le grand chapeau feutre du pays rabattu sur les yeux et le cou, le col relevé, les manches boutonnées sur les gants, je puis affronter le déluge qui va tomber... qui tombe.

En avant ! Ce n'est plus du brouillard à présent, du nuage, mais une grosse pluie chaude qui tombe à torrents, comme sait tomber seulement la pluie tropicale. Nous ruisselons tout de suite, de la tête aux bottes !

Pas à pas, en file indienne, nos montures suivent celle du *capitão*, le long du sentier, prenant comme un malin plaisir à côtoyer l'abîme au plus près possible. J'ai renoncé à lutter avec mon cheval qui marche comme sur la crête d'un mur : à bout de rênes je le laisse aller où il veut, me demandant seulement de temps en temps comment cela finira.

Les pierres roulent sous les sabots nerveux haut talonnés de crampons énormes, nous sommes comme dans un lit de torrent qui roulent épaissement une eau rouge de terre... et nous allons. Montées, descentes, gués, *porteiras* ou barrières faites de grosses poutres à peines équarries et qui grincent lamentablement, puis retombent pesamment, le dernier cavalier passé : ensuite d'autres montées, descentes, gués, d'autres portails, semblables en tout aux premiers, tout cela sans une habitation désormais, sans plus de troupeaux, sans la rencontre d'un être humain, pendant trois longues heures.

Un silence pesant règne, que trouble seul le chant d'innombrables grenouilles. Où cela ? On ne sait pas. Tout près sans doute, dans le fond du vide blafard que l'on côtoie sous ce brouillard, verre dépoli qui ferme l'horizon à un mètre de chacun de nous. On courbe l'échine, on ruisselle, on se secoue la tête pour chasser le trop-plein d'eau du chapeau, on la tourne du côté où cela ne vient pas... mais cela vient de partout en même temps, fouetté, cinglé par le vent des défilés invisibles. Les yeux mi-clos, la moustache collée, la face aussi mouillée qu'après un plongeon, nous cheminons toujours.

A l'encontre de mes compagnons, réduits à l'état de panade, je suis à sec sous ma toile à voile, et triomphe très haut, sans modestie, dans mes vêtements de choux.

Comme je le remarque, un glapissement brusque se fait entendre derrière nous : c'est l'ordonnance noir qui rit, sans trop savoir pourquoi, de ce rire sauvage, étrange, gloussant et déconcertant du nègre, en se secouant comme un chien mouillé.

Soudain la tête de colonne part au galop, et nous nous trouvons subitement dans Villa Nova de Lima, elle-même, dont nous ne soupçonnions pas l'existence avant ce dernier tournant. Vite on y descend, toujours sous la pluie. De petits cottages anglais : géraniums, rosiers grimpants, pots de pensées, rideaux blancs. Des enfants blonds sur le seuil des portes.

Il est onze heures et demie du matin. Nous arrivons devant une grande bâtisse à loggia de bois. Des gens en casquettes à carreaux, à imperméables verts ou jaunes, souliers de golf ou brodequins de foot-ball, nous regardent impassibles, la pipe de bruyère à la bouche. Personne ne salue. Personne ne se dérange. Pas un mot d'accueil. C'est l'hôtel. Nous sommes en Angleterre et personne ne nous a été présenté. Alors ?...

Cela sent le tabac blond, le thé et le wisky.

Nous montons déjeuner. Quelle aubaine ! En regardant A.... je vois qu'il n'a pas l'air précisément satisfait de cette arrivée... La pluie redouble !..

CHAPITRE VII

Morro Velho

Nous déjeunons tous les quatre en tête à tête, l'ingénieur R.... ayant été se sécher, et déjeuner en famille.

Le patron de l'hôtel se désole de nous servir aussi mal. S'il avait su... Mais voilà, il ne savait pas, et A.... semble de plus mécontent de cette réception. Le wisky-soda, le grog au cognac chaud nous remontent petit à petit.

L'excuse de ceci est que le directeur de la mine est absent, qu'il y a eu, paraît-il, malentendu sur la date de notre venue, et qu'en fin de compte on ne pouvait tabler que par ce déluge... des chrétiens osassent se mettre en route en montagne !

« Mais, capitaine, vous ne pouvez plus rentrer dans vos bottes ? »

A cette réflexion, le *capitão*, qui se déchaussait, me regarde : et continue sa besogne. Après tout, cela le regarde. A.... est muni d'une migraine atroce, *coi-*

tado, le pauvre, il ne mange rien, nous, nous faisons compensation.

« Je vais rester me reposer dans les bureaux », nous déclare notre cousin « et vous visiterez la mine tous les trois, je ne m'en sens pas le courage : descendre là-dedans, fatigué comme je suis, ce serait une horreur. »

— C'est entendu, mais visiter avec qui ?

M. R.... a disparu de la circulation...

— C'est tout de même vrai ! Quels gens ! Vous n'aurez qu'à venir avec moi aux bureaux. On vous fera accompagner.

— Bon !

— Du reste, on ne vous dira rien, on ne vous expliquera que ce que vous demanderez... et encore... Je le sais étant déjà venu par ici. Le mieux c'est de tout bien regarder par vous-mêmes.

Le *capitão* qui s'échine à remettre ses bottes mouillées semble n'y pouvoir parvenir, et est forcé, au milieu de nos éclats de rire, de quitter ses chaussettes : il le fait du reste avec une incomparable bonne humeur.

Alors nous allons aux bureaux, et un employé qui connaît A.... nous prête un de ses comptables pour descendre aux machines.

Un grand bruit assourdissant part d'une série de hangars à toits de zinc dégouttant de pluies. De larges plateaux couverts de pierres grises, boueuses, tournent sans relâche. Des nègres y jettent des quartiers de roche hors d'un wagonnet genre Decauville. Une dizaine de négresses sont réparties autour de chaque plateau : à vue d'œil, au simple toucher, elles jugent de la qualité de la pierre... ceci est bon... ceci mauvais... Les bons morceaux tombent dans un conduit de bois et disparaissent bruyamment vers le sous-sol, les mauvais s'entassent derrière les travailleuses dans le couloir circulaire, d'où des manœuvres les enlèvent au fur et à mesure.

Le conduit mène le minerai sous les broyeurs, qui, avec un bruit infernal, en font une sorte de sable, de poudre plutôt, grasse et lourde. De là il va sous de nouveaux plateaux rectangulaires remués et arrosés automatiquement un temps sur deux. Le minerai plus lourd va au fond, la boue de la gangue surnage et est entraînée ailleurs. On filtre plusieurs fois ; on laisse évaporer, puis on recommence le même travail à l'étage plus bas, et cela jusqu'à ce que la boue soit sursaturée de métal. Les hangars sont à flanc de coteau et il y a dix étages ainsi superposés, comme les marches d'un grand escalier, où le minerai se lave de lui-même, successivement.

Tout ceci je le vois de mes yeux et le comprends sans que personne ne prenne la peine de nous rien expliquer.

Des laveurs, nous passons à des bâtiments fermés où s'exécutent l'amalgame et l'électrolyse. Ici, un ingénieur anglais fort aimable nous montre les choses lui-même.

La boue grise est amenée par des tuyaux de toile dans de grandes cuves où l'on a déposé du mercure dans des creusets ou fours électriques qui empestent le soufre; enfin il passe dans d'autres cuves où trempent, au bout de fils de fer, de la découpure de zinc.

L'argent y est plaqué par un courant électrique, l'or va au fond. De là, il va, finalement, tremper dans des acides, toujours à l'état de semi-boue grise, épaisse, plombée, à reflets irisés. C'est un peu comme l'écume d'une mare de ferme où les canards aiment à barboter. Des plaques couleur arc-en-ciel sur de la marne couleur d'étain: voilà ce que j'ai vu. Après cela, que devient la boue métallique? Mystère!... Personne ne veut nous l'expliquer! Pourquoi?... C'est dommage! On aurait vraiment bien pu. Ce n'était certes pas dangereux à dire à des profanes comme nous! Enfin ce qui est certain, c'est qu'on ne le dit pas? C'est tout!

— Voulez-vous voir des lingots d'or vierge, dit l'ingénieur en anglais?

Comment donc... mais bien volontiers! Je pense que nous sommes un peu venus pour cela. Nous le suivons. Il a pris dans sa poche des clefs de sûreté. Une pièce étroite, un gardien gigantesque, deux portes boulonnées en acier; un autre réduit plus étroit, des portes de coffre-fort alignées.

On me met entre les mains une brique jaune pesant trente kilos. C'est de l'or vierge, de l'or pur, massif.

Un petit silence. Mon beau-frère, le *capitão* et moi soupesons la brique tiède, voloutée, donnant au toucher cette sensation un peu molle du plomb.

— La mine en expédie en Angleterre pour sept millions de francs chaque année... 280 mille livres sterlings...

Mâtin !

On nous reprend la brique d'or qui va redormir à côté d'autres dans le fond du coffre-fort... Un, deux, trois tours de clef, elle est bouclée. Voilà !

Nous sortons songeurs. Une petite pluie fine tombe à présent. C'est gris dans le ciel, gris par terre à cause de la boue de l'or ; les monts escarpés qui nous entourent sont gris de brume... quelle tristesse ! Nous sommes pourtant aux lieux mêmes de l'or ! c'est l'Eldorado ! qui l'eût cru ?

Je songe à ceux de jadis qui eurent tant de peine à y parvenir, à ceux qui sont morts à la tâche, découragés ou assassinés, aux expatriements, aux longues marches, aux querelles, à tout ce qui vînt finir là dans cette boue grise, aux temps écoulés.

Et puis, ceux-mêmes qui réussirent où sont-ils... qu'en ont-ils tiré de durable ?...

« Mais où sont... les Bandeiras... d'antan ?... »

Une voix me tire de mon rêve. C'est l'ingénieur.

— Vous feriez peut-être bien de descendre dans la mine, c'est intéressant.

— Nous y comptons bien.

— Alors allez aux bureaux, là-bas, la porte noire près du puits. On vous donnera un contre-maître pour vous accompagner.

— Oui ?

— Si on est prévenu, je crois. Good bye Sir. Very glad... Des shake-hands.

Un vieux Monsieur qui se faisait la tête d'Édouard VII causait avec A.... On nous donne un contre-maître, espèce de géant irlandais, balançant à bout de bras une lampe de mineur. On m'en donne une autre et nous pénétrons dans la mine. L'entrée, qui ressemble à celle d'un tunnel quelconque, porte une plaque en marbre rappelant la date de l'inauguration, les noms des personnages présents, des directeurs d'alors, etc., etc...

A l'entrée, nous allumons nos lanternes. Pourquoi, puisque la mine est éclairée à l'électricité ? Je n'ai pas su. Je ne le saurai jamais. Ce doit être sans doute une de ces vieilles traditions dont est si jalouse la vieille Angleterre. Le contre-maître enlève sa veste et demeure en chemise et pantalon de toile, en nous engageant fortement à en faire autant. Nous refusons, préférant de beaucoup conserver l'usage de nos portefeuilles et craignant de les laisser à portée de mains des gens qui passent, regards mauvais et faces patibulaires. Après tout, ce sont peut-être de très braves gens — j'aime à le croire même — seulement ils n'en ont pas l'air.

Figuiers sauvages dans la forêt.

— *All rigt, gentlemen. Let us go, down*, et nous partons du côté de l'ascenseur, du descendeur, plutôt.

Les murs sont blanchis au lait de chaux, éclairés de lampes électriques puissantes ; à terre, les rails d'un petit chemin de fer, baignent dans une boue noirâtre, irisée de désinfectants. Des nègres, des indiens à tête de Japonais, des blancs un peu anémiés, tachés de boue grise, la veste à l'épaule, la face en sueur et l'œil méfiant. On ne salue pas. On ne nous regarde du reste qu'à peine. Quelques *boys* nègres seuls ricanent à notre passage. On entend plusieurs fois répété à notre adresse le mot : *Beef* : on nous prend pour des Anglais à cause, sans doute, des explications que nous donne notre guide. Le *Capitão* pourtant, avec son profil à la Vasco de Gama ou à la Pedro Alves Cabral, nez d'aigle, regard de Conquisitador et teint de bronze florentin, n'a pas l'air très... *beef*... Mais cette garçaille n'est sans doute pas physionomiste. L'ascenseur : le premier des sept ascenseurs. C'est plutôt un monte-charge, deux bancs de bois, deux planches sur des supports de fer dans une simple caisse, de fer aussi, retenue par un câble. Nous y prenons place. En dessous de nous, on mettra le minerai à la remontée.

Assis, la lampe entre les jambes, j'attends avec une certaine anxiété la chute inévitable ; la descente brusque dans le vide avec le serrement ordinaire d'estomac que l'on a dans tout ascenseur rapide. Eh bien, pas du tout. Nous descendons très vite sans doute, mais comme c'est dans le noir absolu et que la caisse close prend toute la cage du puits, on n'a pas la sensation presque de bouger. Un petit choc. Halte. La caisse stoppe, nous sommes à l'étage des machines qui refoulent l'air dans les galeries et pompent l'eau des fonds.

Nous nous trouvons dans une grande salle blanche aux carreaux vernissés, — comme dans le Métropolitain, — avec des machines très semblables, pour ceux qui n'y connaissent rien, à toutes les machines vues ou à voir, refoulant, pistonnant, patinant, avec un bruit sourd et gras, tandis que l'air plus frais sent le cambouis et l'huile lourde, la limaille et le moisi.

Explications techniques de notre guide : la mine a quinze cents mètres de profondeur... L'air est envoyé dans toutes les galeries, même les plus profondes et les plus reculées... Il y a dix mètres cubes refoulés par minute... cette machine qui marche jour et nuit a une force de Z... HP... Une autre semblable, en face, épuise l'eau... cette autre fournit l'électricité...

On fait : — Oh ! yes — l'esprit distrait, la tête un peu lourde de bruit et de chaud. Puis on repart. Sept fois nous reprenons un nouvel ascenseur pour descendre plus bas toujours. Ils sont tous indépendants l'un de l'autre et mus par un moteur spécial chacun. Le moteur, encastré dans un coin de la galerie, est commandé par un nègre ruisselant de sueur, le torse, la tête et les pieds nus, la main sur le levier de mise en marche, attentif au tableau blanc-rouge qui lui indique les demandes de montées ou de descentes. C'est impressionnant au dernier point, ces hommes quasi-immobiles dont seule bouge la main droite, les yeux fixes, blancs dans la face noire, le buste et les bras tout vernissés de sueur, érigés derrière le tambour vrombissant où s'enroule le câble d'acier, gros serpent bleu et noir qui reluit.

Aux sept étages, sept statues de bronze ainsi muettes et rigides, président à notre destinée et veillent à la descente.

Plus on va, plus il fait chaud et plus on a soif. A chaque étage, le *Capitão* s'arrête pour boire à la prise d'eau. Nos vêtements de toile sont percés de sueur, nos mouchoirs sont trempés, nos chapeaux de feutre, alourdis déjà par la pluie du matin, collent au front et à la nuque presque douloureusement, et chaque geste mouille !...

Au huitième étage, tout au fond, un grand coup de vent frais, trop froid sous la douche brutale de la manche à air. Des portes qui s'ouvrent et se referment sur nous, Qu'on est loin de tout ! Quelle sensation d'effroyable prison, pour peu que cet homme-là qui nous précède ait seulement l'idée de nous abandonner... Heureusement qu'il n'y songe même pas ! L'atmosphère est plus épaisse. On a les temps qui battent à contre-temps, les oreilles qui bourdonnent, et c'est dur de lever les pieds dans la poussière blanche qui reluit à terre.

Il y a par moments des haleines de four. J'ai eu moins chaud à visiter les chambres de chauffe de la « Royal Mail ».

Des gens passent dont on n'entend presque pas les pas, des mules aveugles, aussi, qui traînent avec un bruit mou, feutré, des files de wagonnets sur des rails poudrés de cendre blafarde. On ne sait plus trop où l'on est. Une vague inquiétude vous envahit, énervante, douloureuse, une envie de s'en aller... d'être ailleurs, n'importe où... de fuir de là, d'autant plus qu'à la longue, cela devient moins intéressant, les étages se ressemblant étrangement.

Une porte rouge tout d'un coup coupe la route. On nous fait souffler nos inutiles lampes. Alors derrière cette première porte rouge et avant d'en arriver à une seconde, dans une sorte de tambour noir et bas, le contre-maître ouvre soudain un placard. Il nous montre rangées sur des rayons une centaine de cartouches de dynamite, les mêmes, semble-t-il, que nos pétards réglementaires de cavalerie en France.

Si cela éclatait, et que l'on n'était pas immédiatement mis en miettes, on aurait mille cinq cents mètres de hauteur de terre et de roches sur soi!... Joli mausolée!

Une détonation sourde, là-bas, assez loin, au

CHAP. VII. — MORRO VELHO

fond, derrière la deuxième porte. Qu'est-ce? Le contre-maître referme soigneusement son placard, rallume sa lampe et la mienne, et nous allons vers le bruit.

A présent, de la poussière nous vient, qu'on sent sous les dents et qui vous poudrerise. Il n'y a plus d'électricité et la température s'est encore élevée, si possible. A un tournant, quelques hommes debout, des barres de fer en mains, attendent que la fumée se soit dissipée avec la poussière de l'explosion. On a fait sauter un gros bloc de grès. La poudre blanche retombe en grésil fin, on y voit mieux. Une roche énorme s'est détachée du fond de la galerie en cul-de-sac et, de suite, derrière, deux noirs se sont glissés entièrement nus, sauf le pagne de leurs reins,

Le pic en main, ils se couchent, travaillent au-dessus d'eux à petits coups répétés et sûrs.

Cela sent la poudre de guerre, la cave, la bête humaine surtout. C'est une horreur. Notre guide nous montre des traînées brillantes, mica ou pépites : l'or y voisine, mais on ne le voit pas. Seule la pierre plus blanche, plus cassante, plus sonore, révèle l'existence du métal-roi!

— *Que horror! que calor! que cheiro ruim!* fait le *Capitão*... et, de fait, c'est vraiment une horreur de chaleur et d'infection, un vrai terrier de blaireau! Le guide sourit.

— *Vamos embora*, « allons-nous-en », dit-il au capitaine, qui, de pâle qu'il était, est devenu verdâtre, et nous rebroussons chemin sans que les travailleurs présents aient seulement prêté la moindre attention à notre venue et à notre départ.

La même voie au retour : les sept ascenseurs. Mais cette fois, il a beau faire chaud et soif, on remonte chez les vivants ! On va revoir du ciel ! Même gris, il sera bon de le contempler.

Une pose de quelques instants pour nous sécher à l'orée de la dernière galerie. Une cigarette qu'on grille, tandis que là-bas, en demi-lune, filtre du jour.

Nous allons vers la lumière, croisés par des mules qui traînent des wagonnets de fourrage sec et de maïs. Un petit train de minerai les rejoint, les dépasse à l'aiguillage et siffle comme un perdu sous la voûte blanche qui suinte, et où les lampes électriques ont des halo de brouillard.

A la sortie, un shake-hands à notre Paddy, et nous retrouvons A....

CHAPITRE VIII

La voie du retour

~~~~~~~~

« Dépêchez-vous, nous crie A.... qui s'agite sur la vérandah. Nous n'avons que le temps. Il est plus de quatre heures J'ai commandé les chevaux déjà... prenez vos manteaux. »

En deux bonds nous escaladons le perron de bois et faisons main basse sur nos imperméables. A l'hôtel on nous a versé du wisky à tous trois, ça remonte et ça gratte. Vite les éperons, et à cheval.

Toujours pas de M. R.... nous l'abandonnons. Retraversée du village au pas, du village lavé par la pluie du matin ; mêmes têtes blondes et roses derrière les géraniums des croisées, puis, tout de suite, immédiatement contre la dernière maison, à droite et à gauche de l'étroit sentier violet, le désert : roches et verdures sombres, ravins et bois.

On va. Le *capitão* a pris la tête, et sur sa monture qui marche l'amble il fait du chemin devant nous, très vite, à grands coups de talon.

Nous le suivons, devisant gaiement. heureux du ciel rose et pâli, du temps séché, fraîchi, où le vent a de bonnes senteurs de pins et de terre. On siffle des chansons de marche, comme devaient en chanter jadis les vieux errants du *sertão*, on s'extasie à haute voix sur l'intense beauté de ces choses éternellement belles et qui sont restées si semblables à ce qu'ils virent, eux, il y a trois cents ans... A....., le chapeau à la main, les cheveux au vent, tout droit dans sa selle, comme un chef, évoque leurs grandes ombres, et dit de sa belle voix forte des vers français et portugais. Guillaume, gagné par le romanesque de l'instant, s'essaye sur son destrier à des courbettes et passades ; je pense, moi, que l'on est bien, que l'heure est douce et belle cette vie. Là haut, par les cols étroits, le soir descend pacifié. Un peu de vent frais traîne sur les pentes. Un brouillard léger, mauve et gris de perle, semble s'argenter à mesure qu'il descend. C'est exquis.

Pourtant une inquiétude me prend, qui grandit, gagne et se précise. Ce n'est pas le chemin parcouru ce matin ? Déjà en sortant de Villa Nova de Lima, j'ai eu l'impression subite et très nette que nous nous trompions de route. C'était plus étroit, plus montueux encore que par où nous étions venus. Je sais bien qu'à rebours un même chemin change d'aspect.

Tout de même ! Voilà une *porteira* dont je n'ai pas souvenance, et puis cette piste qui grimpe à pic sur des marches presque, ces grosses roches grises éboulées ?... ces parois vernissées, lisses, quartz et pierres polies, si étranges ?... Ce n'est sûrement pas cela. Je m'en ouvre à A....

— Vous croyez ?. fait-il, dubitatif, puis il hèle :
— Henrique !... tu es sûr de ton chemin. . Ces messieurs disent...

Le *Capitão* sans se retourner, fait un geste de la main qui veut dire :

... Allez toujours... je sais ce que je fais...
— Il a l'habitude, vous savez.
— C'est bon.

Et l'on continue.

Nous sommes très haut, à présent, dans le vent qui monte, sur une ligne de faîte mince et droite comme un dos de sabre, et qui surplombe, trois plans au-dessous, un chemin rouge qu'il me semble bien reconnaître.

Henrique ?...

Mais le *Capitão* a déjà presque disparu par le col, plus haut encore, et nous devons le rattraper au galop.

Aux questions que lui pose A.... il répond qu'il est sûr de sa voie. En effet ce n'est pas le chemin de ce matin, mais celui-ci nous fait gagner près d'une heure, étant bien plus court.

— Plus court? Alors tant mieux, car voici la nuit.

La nuit vient en effet des cimes, semble-t-il, avec du brouillard plus épais qui glisse vers vous, sortant d'un bois sombre de haute futaie. Nous y entrons. Le sol est effondré, plus rocailleux, semé de pierrailles coupantes qui roulent, les chevaux dont la sueur écume et qui soufflent peinent durement. A travers les branches — tissu serré — de pâles étoiles percent, qui ont l'air de cheminer, à l'inverse de nous, une autre route là haut, très vite...

— Ah mais, où nous mène-t-il ? A... qui va devant entend ma question. Il parle au *Capitão* en portugais, et sa voix se fait impatiente et plus brusque. Derrière nous, l'ordonnance glapit de joie aux difficultés croissantes du sentier.

Une mouche à feu, puis deux, puis d'autres sous la feuillée obscure dans les taillis, on dirait des yeux qui brillent. Il s'exhale une odeur de serre chaude humide, de bananier pourri et d'herbe poivrée. La terre est toute détrempée. Un ruisseau s'argente au milieu de notre piste soudain, coupure nette, un peu profonde, qu'il faut faire franchir aux chevaux. Ils hésitent, dérobent, glissent, et ne passent qu'à coups d'éperons, de pied ferme avec un grand bon enlevé. Ce n'est plus de l'équitation !

A gauche l'eau disparaît brusquement avec un ruisselis de cascade, dans du vide sombre sous les feuilles, tout près, et le sentier se rétrécit encore entre ce vide et la paroi terreuse à pic d'où partent des racines qui happent au passage.

Des pieux, du fil de fer, et derrière un grand trou rond sans fond ! Pour le coup ça y est... nous sommes bien égarés. Le chemin s'arrête là ! Pied à terre. On inspecte à tâtons presque. On essaye de voir. A droite, un mur de roches inescaladables, à gauche le précipice, devant, le trou à travers la palissade moussue et vermoulue.

Le *Capitão* que A.... bouscule et morigène à présent, dit que cela doit être un vieux puits de mine abandonné... il y en a beaucoup comme cela par ici. Heureusement qu'il était enclos.

On retourne les chevaux comme on peut, tête à queue, dans la boue glissante, et l'on reprend son pied.

Brusquement la nuit s'est faite cependant, mais totale, complète, une nuit sans lune, sans étoiles, sans même une lueur à cause de la voûte des arbres, une nuit de mauvais rêve. Seul le sentier éclaire, un peu moins sombre avec çà et là des reflets de flaques d'eau.

On repasse le ruisseau tant bien que mal avec des montures qui se font traîner. A présent c'est une descente terrible en casse-cou, le long de laquelle des branches chargées d'eau vous douchent. C'est fou ! Qu'allons-nous trouver au bas de cet escalier ?...

Un clapotis d'eau et de pierres roulées, des planches qui craquent dans le noir, et la voix du *Capitão* en bas, au-dessous de nous, qui a l'air, étouffée sous le feuillage, de venir de sous terre. Il discute avec son ordonnance. Nous nous arrêtons sur la pente. Où aller ? Partout du bois, des lianes, du noir, de l'eau que l'on devine traître et menaçante, et surtout cela, l'immense silence des solitudes perdues.

On craque une allumette. Il est six heures et demie : nous devrions déjà être arrivés. L'allumette éteinte, il fait encore plus sombre. Le cheval du *Capitão*, qui lui a échappé, remonte vers nous par foulées brusques à grands coups de rein, et nous bouscule au passage. Il y a des genoux cognés, des assiettes déplacées sans doute, car on perçoit des des jurons étouffés. Ceux qui étaient en selle mettent pied à terre pour reprendre l'animal lâché. A.... se fâche pour de bon, et le pauvre *Capitão* qui cherche son cheval à tâtons est assez malmené.

— Une lueur ?

— Non, c'est un *vagalumen*.

— Du tout, ce n'est pas une mouche à feu, c'est une lanterne ou une cigarette ; ou peut être la fenêtre d'une maison, suivant la distance. Là dans le taillis à gauche. On entend parler. C'est la voix de l'ordonnance. Avec qui ? Les voix se rapprochent et l'on voit venir avec le soldat un noir qui balance une lanterne à bout de bras.

Demandes, discussions. Palabres qui s'éternisent en un portugais panaché de nègre, totalement incompréhensible pour nous.

— Quoi ? Qu'est-ce qu'ils disent ?

A.... préoccupé d'entendre, de comprendre et de prendre un parti, trois choses difficultueuses, semble très absorbé et ne nous répond qu'à peine. Les trois autres parlent toujours inlassablement. Enfin nous finissons par savoir. L'homme à la lanterne est un des travailleurs noirs de la mine : il habite ici une case dans le fond du ravin près du ruisseau. Faisant partie d'une équipe de nuit il se rendait à son travail. Il dit que nous sommes à deux lieues, pour le moins, de notre route, et qu'il n'y a pas de chemin pour le rejoindre — il faudrait pour cela retourner à Villa Nova de Lima — que nous avons failli tomber dans un vieux puits comme il y en a plusieurs aux alentours, abandonnés et reconquis par l'eau des fonds, que c'est un miracle du Seigneur que nous ayons pu venir jusqu'ici sans chutes graves. Voilà le résumé de mille paroles rauques échangées, d'éclats de voix et de gestes étranges déformés par la lueur tremblotante de la lanterne, dans le brouillard qu'elle roussit.

— Et pour sortir d'ici ?

— Pour s'en aller ?... Eh bien, il faut monter à travers bois par là, à droite, en tenant les chevaux par la bride et s'aidant aux arbres. Alors on sortira du *matto* et l'on suivra un sentier en corniche qui surplombe le vrai chemin. Nous rejoindrons celui-ci s'il se peut et qu'il fasse plus clair. C'est dangereux, mais c'est la seule chose qui nous reste à faire si nous ne voulons pas coucher ici.

A.... nous explique l'affaire rapidement.

— Quoi ? Que faire ?

— Faire cela puisqu'on ne peut faire autrement.

— *Dez mil reis para voce*, et il tend un billet au nègre. Dix mille reis pour toi, si tu nous remets dans la bonne route. L'homme hésite, ricane gauchement. Il explique qu'il craint de manquer son heure d'entrée à la mine. Que lui dira-t-on là-bas pour ce retard ? Si on allait le renvoyer...

— *Vinte mil reis*. A.... double la somme et nous approuvons, vraiment cela vaut bien les trente francs proposés.

L'autre glapit, serre sa ceinture, enfonce son chapeau et gravit l'escarpement devant lui. On le suit.

C'est terrible comme montée ! Autant escalader un mur. Et puis cela glisse, et des racines invisibles vous font butter, se raccrocher aux crins et aux mors. Des branches giflent brusquement selles et chapeaux et par surcroît le brouillard est tellement dense qu'à peine voit-on la croupe du cheval qui précède.

Puis soudain il fait encore plus noir... La lanterne sans vitres s'est éteinte sous un souffle. L'humidité empêche nos allumettes de prendre. On ne sait où mettre les pieds. Les chevaux d'eux-mêmes refusent d'aller plus loin.

Nous devons former — pour qui pourrait nous voir — un groupe étrange, allongé en file indienne, ainsi sur cette pente, invisibles les uns aux autres, et nous interpellant à haute voix en portugais et en français. Il fait horriblement chaud à cause de la lourdeur de nos manteaux, dans cette nuit moite où chacun de nos gestes ramène de l'on ne sait où de l'eau tiède, à gouttes menues ! Le moment est vraiment pénible et tient du cauchemar.

Alors, brusquement, dans cette obscurité de tombe, une lumière brille très forte, très claire au-dessus de nous, à l'endroit où la pente touche le ciel. Elle descend. Tout le bois en est allumé magnifiquement. Un phare d'auto ? Tout de même !... Ça y ressemble.

En tête de colonne on parlemente à nouveau. Cette fois encore ce sont deux noirs d'une équipe de nuit et qui vont à leur travail éclairés par une torche à l'acétylène. Le premier nègre rencontré cèdera son gain aux nouveaux venus, et expliquera à la mine leur absence ou tout au moins leur retard. Eux ils nous conduiront sur la route et nous éclaireront.

— C'est convenu !... Oui.

— Ah ! les braves gens ! Je n'ai jamais tant goûté l'à-propos de cette parole historique qui m'échappe malgré moi et sans que j'y mette d'intention préalable ni d'ironie.

Le phare fait merveille. Nous allons ainsi pendant une bonne demi-heure, montant et descendant en plein désert, en plein brouillard, en plein noir, guidés par notre colonne de feu. Comme nous ne trouvons en fait de route que d'invraisemblables sentiers, il est entendu que nos deux sauveurs nous accompagneront jusqu'à Bello Horizonte, qu'ils disent éloignée encore de plus de deux lieues brésiliennes : deux fois six, douze. Il nous faudra, au train où nous allons, bien près de trois heures pour y parvenir.

A cheval, les rênes longues, pas à pas, en file, nous cheminons dans la brande, les noirs avec leur falot, en avant, l'ordonnance fermant la marche. Silencieusement l'étape s'allonge dans le brouillard lumineux que nous déplaçons.

Un instant pourtant, cette marche qui n'était que pénible, longue, un peu tragi-comique même, à cause de ses multiples contre-temps, s'enchaînant comme les grains d'un maudit chapelet de sorcier, manque de tourner au drame, pour de bon !

Comme nous avancions, presque à tâtons, le cheval de A.... qui me précédait immédiatement, s'effondre soudain, roule et disparaît avec son cavalier ! On s'arrête, on saute à terre... Des voix anxieuses appellent... s'interrogent... Des pas qui courent... La torche qui revient vivement en arrière avec ses noirs porteurs... Des chevaux qui tentent de fuir, et que Guillaume, toujours calme, réunit de son mieux !... Et l'on finit par retirer notre cousin d'un trou très profond où il avait basculé, sans dommage ni mal... par miracle !... Le mot n'a rien d'excessif !! C'est une permission de la Providence qu'il n'ait eu que quelques contusions après ce saut si périlleux. Nous ne pûmes faire remonter son cheval sur le sentier que trois cents mètres plus loin, à un endroit où la faille avait des bords moins à pic. Visiblement, la protection d'En Haut était avec nous ce soir-là, car nous aurions certes dû avoir un vrai malheur dans cette chute !

Enfin à dix heures du soir, harassés, fourbus, mouillés, crottés, tout en sueur, ayant perdu des éperons à marcher dans la boue, déchiré nos vêtements et rendu nos chevaux boiteux, nous arrivons. Une grande lueur laiteuse à nos pieds paraît enfin. C'est Bello Horizonte en bas qui brille de toutes les lumières de ses lampes électriques, et le brouillard resté là-haut, derrière nous, sur les cimes nues, s'en auréole d'or roux.

Mais, que dire de cette journée d'étape si l'on songe à celles des aïeux jadis, aux mêmes lieux ? Quels hommes étaient-ils donc, ceux qui persévéraient à travers des difficultés auprès desquelles les nôtres à l'heure actuelle sont à peine du sport, presque des jeux d'enfants.

Ils méritaient vraiment d'être les Conquérants.

CHAPITRE IX

Sabará

~~~~~~~~~

Les mules de notre expédition que nous faisions venir de l'autre extrémité de l'État de São Paulo étaient égarées depuis six jours. On avait été forcé de les embarquer sur le Central ! Aussi attendions-nous avec un peu d'impatience à Bello Horizonte, car le temps de notre séjour à Minas était compté et chaque jour d'attente était un jour de voyage de moins.

Aussi pour faire diversion à notre contrariété A.... nous proposa d'aller visiter l'antique ville de Sabará l'un des centres aurifères au XVIIe siècle.

Vous verrez ainsi, nous dit-il, un des plus curieux spécimens de ce qu'était autrefois une vieille petite ville de l'Intérieur. Rien que ce mot-là me décida. J'aime ce nom de « l'intérieur ». Il est expressif, un peu désuet, avec comme le parfum d'une chose très ancienne, qui n'a pas changé depuis alors, mais qui se fait par là même rare et précieuse. On se représente, rien qu'à l'avoir sur les lèvres, tout ce qu'il contient d'archaïque et de si lointain. Par lui on revoit les lents exodes de ceux qui partaient des côtes, s'enfonçant vers l'Ouest, toujours plus avant, plus profond, par de là la Serra et le *matto*, barrières du monde connu, en deçà des rios aux cours mystérieux, aux gués inconnus et traîtres, aux poissons carnivores, à travers les *capoeiras*, dans les herbes grasses, rares et dures, par l'immensité du *sertão* désert, et qui y fondaient une cité : une ville dans l'intérieur.

Il y a à la Pinacothèque de São Paulo une admirable toile qui représente un de ces départs de jadis dans le brouillard frais du petit matin : elle est intitulée *Partida da Monção*, départ d'expédition, par Almeida junior.

Elle fait rêver.... qu'en dire de mieux !....

Sabará est à une quinzaine de kilomètres de Bello Horizonte, une heure de train et nous y débarquions.

Ce fut de suite un intense intérêt, d'une couleur locale exquise.

Qu'on se figure un de nos bourgs de France, un gros bourg en tant que nombre de feux, bâti aux flancs de trois coteaux, plis successifs et étagés de la serra, et dominant les eaux tumultueuses, noires et rapides du Rio das Velhas. C'est en amphithéâtre toute une collection de petites maisons basses, à un seul étage, aux toits de tuiles brunes, aux murs peints de rose déteint, de bleu pâle, de jaune lavé, de vert d'eau, couleur d'étang.

Chez les unes, les châssis des fenêtres, où les verres manquent presque tous, sont au ras des murs extérieurs ; chez les autres les vitres sont remplacées par un treillis de bois ouvragé, découpé, ciselé comme le sont les *moucharabiés* orientaux — probablement pour un motif analogue — et jouant le même rôle protecteur. Ce sont des seuils étroits en haut de petits escaliers raides et sans rampe, dont les marches sont des dalles disjointes ou des poutres à peine équarries retenant un mortier de terre rouge et de pierres rondes ramassées dans le rio. La rue monte, descend, brusquement, étroite entre les maisons tassées sur ses flancs. C'est une chose improbable que la chaussée de cette rue, un assemblage invraisemblable de pavés ronds, carrés, triangulaires, de toutes les formes, de toutes les tailles, de toutes les grosseurs, de tous les niveaux !

Il y a des trous là-dedans, pleins d'herbes et d'épluchures, où des milliers de mouches stagnent et rampent aux ordures, où des cri-cris strident leur chant aigu comme une lime, des bosses aussi, qu'il faut presque enjamber et qui sont tout éraflées par les fers des chevaux ou polies par les innombrables pieds nus qui les ont foulées depuis leur origine - quatre siècles — ; c'est presque une éternité pour ici.

Quand on vient de la gare, qui ressemble comme toutes celles de Minas à un joujou de bergerie suisse, on traverse le Guiacuhy, nom indien du rio das

Velhas, sur un grand et large pont de bois de fer qui fut construit, nous annonce une plaque, par l'ingénieur Henri Dumont. Ce nom est d'origine française, et celui qui le portait est le père de Santos-Dumont, le précurseur de l'aviation, célébrité mondiale. Les poutres polies, rougeâtres, sont dures et tièdes au toucher, comme du métal; elles sont solidement chevillées entre elles, sans un clou, et se joignent hermétiquement par leurs surfaces planes bien lisses. On sent que ce pont est fait pour durer des siècles. Il y a quatre ou cinq églises dans cette minuscule cité. Partout, au bout de chaque ruelle caillouteuse, sur chaque place mangée d'herbe et de ricins, on aperçoit une de leurs façades portugaises avec un fronton volute, lépreux et décrépi, qu'encadrent deux clochers aux campaniles arrondis.

« A Matriz » — l'église principale — Santa Cecilia, Santa Ephigenia, São Benedito, o Carmo.... ce sont toujours les mêmes vocables dans tout le pays.

Comme il est déjà tard, nous courrons le risque de les trouver toutes fermées : ce serait dommage. Je tiens tant à en visiter, ne fût-ce qu'une ou deux. « A Matriz » surtout, dont A... nous dit des merveilles.

Un épicier sur le pas de sa porte prend le frais, car déjà le soleil baisse derrière la Serra et l'ombre des toits mollement s'allonge aux pavés caboteux. *Seccos e molhados, Bebidas finas....* annonce la devanture : denrées sèches et liquides.... boissons fines.... C'est l'enseigne bien portugaise de n'importe quelle épicerie brésilienne, de Pernambuco à Porto Alegre.... Mais celle-là est davantage « especial ». Elle a, derrière ses chapelets d'oignons pendus au plafond, à côté des rouleaux de tabac poisseux, ses sacs de haricots noirs et de riz poussiéreux, avec ses fromages pâles sur des feuilles fanées enguirlandées de papiers multicolores, où adhèrent par masses les mouches mortes ou vives, un air plus « vieux jeu » encore, plus autrefois, plus suavement inédit, dans le silence de la ruelle déserte.

A... que nous flanquons gravement aborde l'homme, tête de vieux bandit d'images, nez d'aigle, tête de pain d'épice, moustache et « cavaignac » — comme l'on dit ici — noirs d'encre ; il a un air d'importance dans son complet de cotonnade criblé de taches. C'est peut-être le descendant de quelque aventureux conquérant.... de jadis, c'est sûrement un notable, — d'ailleurs il a un faux-col en linge américain et une bague en doublé à l'index.

Un petit quart d'heure d'explications avec le personnage. On n'est jamais pressé à Minas, l'accent lui-même est traînant et les gens peu curieux quand on ne leur parle pas, légèrement méfiants, *desconfiados*, vis-à-vis d'inconnus, deviennent d'une loquacité sans bornes pour peu que l'on ait fait les premiers pas vers leur connaissance. D'ailleurs *o doutor A...* comme l'on appelle toujours ici notre cousin, en lui donnant son grade universitaire, est une personnalité assez considérable pour que l'on fasse avec lui durer la conversation, un peu plus encore si possible.

Quand nous quittons, avec force salutations, l'homme verdâtre, A... nous traduit l'interview.

Tout est fermé. Les *vigarios* sont à dîner au fond de leurs presbytères, et on ne dérange en aucun pays un desservant pendant sa digestion. Il faut donc nous mettre à la recherche d'un nommé Francisco Rosa dit Chico Rosa. Il nous fera tout voir étant sacristain à l'église d'« A Matriz », et plus ou moins apparenté à plusieurs autres sacristains de diverses églises. Il y a comme cela un peu partout, dans tous les pays, de grandes familles, qui tiennent les charges importantes par elles-mêmes, ou par leurs proches !... Cet homme habite, paraît-il, dans le bout de la cité, près de son fief ecclésiastique.

A vue d'œil, en fixant les clochers, il peut bien y avoir de douze à quinze cents mètres de distance. Nous y allons. Dieu ! les affreux pavés pour circuler à pied.... Il est vrai que personne ici n'use de ce mode de locomotion. A Sabará il n'y a de piétons que les trop pauvres pour avoir un cheval ou une mule. Aussi nous considère-t-on un peu de travers, nous qui déambulons sur le vieux pavé des Bandeirantes que l'on ne foule plus guère depuis le temps des éperons dorés et des bottes en entonnoirs. On nous regarde beaucoup. *Boa tarde...* disent les gens au passage, et nous nous efforçons de mettre le

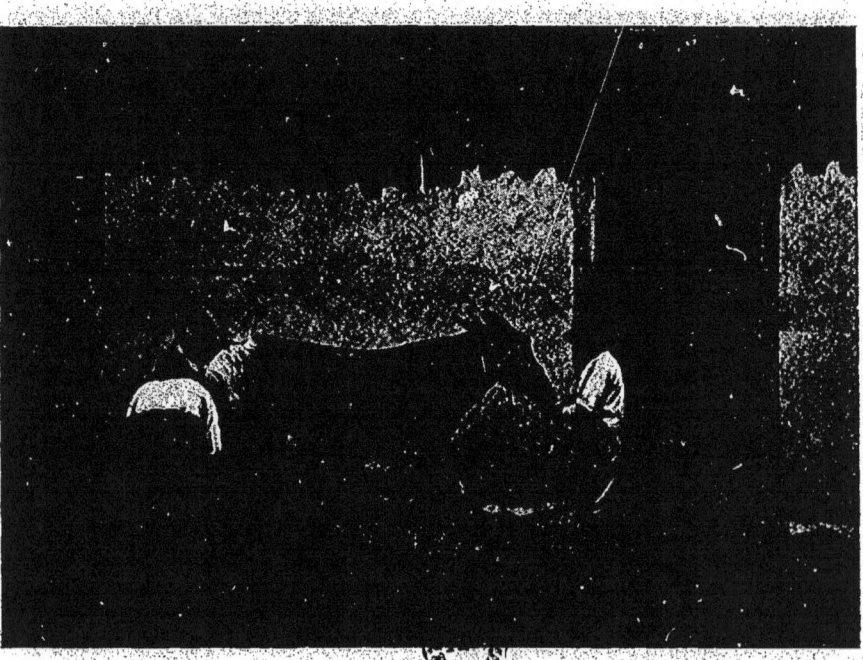

Les mules de l'expédition.

Un pont à Minas.

plus d'amabilité possible dans notre réponse... *Boa tarde...* bonne soirée.

Sur les marches d'une petite chapelle votive, délicieusement rococo et mauvais goût portugais du XVIIIe, un homme sans col de chemise, vêtu de noir graisseux et luisant, avec une figure pâle, sale, maigre et un peu « prêtre », est assis fumant une cigarette roulée dans du maïs. A... demande fort gracieusement :

O Senhor Francisco Rosa ?

Je n'ai jamais vu quelqu'un de plus profondément stupéfait que l'homme maigre à cette question. Vivement, sans mettre les mains à terre, rapide et souple comme un primitif, il se redresse dans ses bottines à élastiques, avachies et dont les semelles bâillent; il jette sa cigarette éteinte, comme toujours, et d'une voix blanche de surprise il dit :

Sim senhor... Francisco Rosa, dito Chico Rosa!... Et ce disant il a l'air d'attendre quelque chose d'anormal, d'un peu mystérieux, qui va fondre sur lui.

On peut dire que, nous de notre côté, nous avons eu de la veine : car qui aurait pu s'attendre à ce que justement....

Mais le sacristain désormais reste persuadé qu'il est connu de nous et que son importance dépassant les limites étroites de la localité, fait que tout étranger doit de suite savoir qu'il est Francisco Rosa — dit Chico Rosa.

A... se garde de le détromper. Il se nomme, puis

nous, et le sacriste, immensément flatté, consent à nous montrer tout ce que nous désirons voir.

C'est un intarissable bavard, sur qui nous sommes ainsi tombés. Je ne comprends pas bien ce qu'il débite à jet continu, mais la figure de jubilation de A... me fait deviner tout un régal dans cette conversation *caïpira*. Il doit y avoir des choses infiniment savoureuses dans ce parler local; il nous racontera cela plus tard.

Qui sait? C'est peut-être un nouveau chapitre qui s'écrit en lui à cet instant, pour un tome II de son joli livre de nouvelles brésiliennes : *Pelo Sertão*. La clef d'« A Matriz » a été laissée à côté dans une *venda* sorte de petit cabaret borgne qui sent l'oignon, la pipe et la morue, et pendant qu'on la cherche nous examinons l'extérieur du monument.

Il est situé sur une petite place triangulaire où les pas des gens qui quotidiennement y passent n'ont pu entamer l'herbe épaisse, feutrée et sombre.

Close de maisons, elle a l'air un peu, cette place, d'un Campo Santo d'Ombrie, aussi silencieuse, un peu triste, avec une façon quasi-monacale. Deux clochers élancés aux toits arrondis flanquent la porte d'entrée au tympan ensoleillé d'une gloire en triangle. C'est une porte énorme bardée de clous à têtes grosses comme le poing et où se devinent encore des arabesques et des fleurs dorées sur le vert écaillé du fond.

Quand on entre on se trouve dans un temple assez

clair au plancher rouge-brun fait de poutres juxtaposées, larges comme des tables. Cela ne sonne pas le bois sous les pieds, mais donne l'impression de quelque chose de plus épais, plus lourd, métal ou pierre. Le style de la nef unique est du jésuite XVIIᵉ, un peu comme Saint-Thomas-d'Aquin de Paris, plus orné, plus tarabiscoté. Les murs recouverts jusqu'en haut de boiseries, ont des colonnes, retables, autels, niches, statues, en plein bois, tout cela peint en blanc, passé, écaillé, mais doré d'un or encore bien conservé.

— L'or de la mine de Congonhas — remarque Chico.

C'est d'une invraisemblable splendeur, cet or qui a deux siècles et qui brille encore, jaune, vert, roux, sous les jeux de la lumière, comme au premier jour. A certains endroits il a plusieurs millimètres d'épaisseur. Tout en reluit généreusement, du plafond à caissons comme ceux du château de Blois, jusqu'aux colonnes torses à chapiteaux ioniques et corinthiens où montent, enlacées, des grappes d'or et des épis dorés de maïs et de blé.

Le maître-autel vêtu de velours rouge à crépines d'or, noircies elles, et fanées, est surmonté d'un grand baldaquin en bois doré à courtines de damas, déchirées, que termine en haut une vaste couronne d'or soutenue par deux anges dorés, eux aussi. Des statues habillées, à l'espagnole, de robes violettes, rouges ou bleues, passementées, pailletées et galonnées se tiennent aux niches : de belles statuettes en bois du XVIII⁰ siècle, expressives et réalistes, sans rien de ce mignard qui rappellerait l'époque en France. Elles sont, paraît-il, de Antonio José da Silva né à Sabarà en 1750 et surnommé *o aleijadinho* le petit-estropié.

Un immense Christ en croix étale à nos yeux ses plaies sanglantes et les ecchymoses de ses membres. Une chose sur Lui saisit au premier abord : on dirait que la sueur coule de son front, les larmes de ses yeux, le sang de ses pieds et mains, la sanie de son côté... Il en est tout luisant et comme mouillé, c'est horriblement beau. De plus près, on voit que c'est l'humidité qui perle ainsi sur le bois poli de ce Christ grandeur nature, sur ce Christ aux yeux tristes, et qui lui redonne cette sorte de vie un peu effrayante.

Est-ce vraiment pieux?... c'est plutôt saisissant!
— *Madeiro do matto*... — « c'est en bois de la forêt » dit notre guide à voix sifflante, et il jubile de notre attention admirative.

Du bois de la forêt, de l'or de la mine, du marbre des carrières voisines... tout est du crû. Ah! ils n'ont pas eu loin à aller, pour réunir toutes ces richesses, les *padres* d'autrefois, et, en bons Jésuites, ils en ont tiré A. M. D. G. la merveille que nous contemplons. Sur l'autel, des chandeliers énormes d'argent ciselé et repoussé au marteau, une croix, des vases de même métal : une lampe de sanctuaire, colossale, d'argent pur également, pend au bout d'une tresse de cuir vert, comme un gros lasso, et les auréoles des saints, les ex-voto qui descendent de leurs cous et de leurs bras, en grappes, sont aussi bien d'argent massif. C'est barbare, d'une richesse brutale, vieillie! On y sent toute la générosité un peu sauvage encore des primitifs, qui ont semé ainsi partout en ce lieu de prières leurs trésors récemment acquis, au prix de quels sacrifices! Ceux-là avaient vraiment la Foi dont l'orgueil naïf est venu jusqu'à nous dans tout cet or, dans cette profusion d'argent! Rien de trop beau, de trop riche, pour Celui qui nous a donné la richesse elle-même, pour notre Maître, à nous, les maîtres des terres et des mers, des forêts et des pierres, des choses et des hommes! On devine que c'était là l'état d'esprit de ceux qui venaient prier ici, des conquérants qui dorment à présent dans la terre rouge des fondations, sous les poutres rouges du plancher que nous foulons.

— Il y avait, nous dit A..., après une conversation de quelques instants avec notre guide, tandis que je rêvais à ces choses, il y avait, prétend-il, il y a dix ans encore, pour près d'une tonne d'argent, d'or massif dans ce sanctuaire.

— Une tonne?...

— Oui.... la *tonelada* est de cinquante-quatre *arrobas* ou 793 kilos ; vous voyez, près d'une tonne.

— Et de plus — ajouta-t-il en riant, — cet homme dit que tout fut volé par le *vigario* lui-même qui a vendu ces richesses aux Américains, et fut pour cela ignominieusement chassé par ses ouailles.

— Est-ce vrai ?

— Il le prétend. Mais je n'en crois absolument rien. Je suis persuadé qu'il n'y avait plus depuis longtemps déjà ici une telle quantité d'argent. Cela s'est fondu à mesure que décroissait la ferveur primitive et que les gens devenaient plus avides, plus voleurs, en un mot plus civilisés. Ce légendaire *vigario* n'est qu'une personnification de l'esprit du siècle.

Ces simples éprouvent toujours le besoin d'incarner le bien et le mal : cette histoire a tout juste le poids et l'importance d'une légende locale, vraie quant au fond, essentiellement fausse quant à ses détails mêmes.

La sacristie basse, fraîche et vaste, où nous pénétrâmes alors, contient un autre Christ plus moderne, également de style espagnol, et deux tableaux crevés, sans cadres, presque effacés et tout moisis, représentant l'un une Assomption, je crois, copie ancienne d'un Murillo, l'autre une Descente de croix quelconque, une de ces innombrables *Pieta* qu'on trouve partout au Brésil.

Le beau morceau de cette salle est un immense buffet en bois brun de *jacaranda* massif, monumental, à poignées de bronze gracieusement ciselées où se trouvent encore des traces de dorure et représentant des guirlandes de fleurs, roses et marguerites.

L'ensemble du meuble est lourd et un peu barbare, mais bien curieux. On voit que ce bois-là a été coupé par l'artiste lui-même, ici, tout près, et que le coffre est là depuis quelques deux cents ans, au lieu même de sa construction, sous sa poussière que ne dérange aucun plumeau jamais, toujours plein des mêmes hardes sacrées, n'ayant changé ni de place ni d'usage ! De combien peu de choses peut-on encore dire cela à l'heure actuelle ?... Minas est vraiment une terre d'exception dans ce pays fiévreux, trépidant, atteint de la contagion de la nouveauté, qu'est le Brésil moderne.

Nous sommes bien ici dans la voie des anciens, sur leurs traces, et si loin du progrès. C'est une vraie jouissance !

Pas de chaises, pas de bancs dans l'église pour en rompre l'harmonie des lignes. Partout le même motif d'ornementation, des grappes et des épis d'or — symboles des richesses acquises par le travail, fruits du labeur lent ! A l'autel de Santa Ephigenia — une moniale noire — le cordon des Carmes met une note spécialement monacale. La paroisse fut en effet desservie par des religieux de cet Ordre, après que le marquis de Pombal eut expulsé les Jésuites du Portugal aussi bien que de ses colonies. Pas de chaire, une estrade, comme en certaines églises d'Italie où le prédicateur a l'air de faire comme une sainte parade, de long en large, bruyant, longuet et macaronique.

Nos voix résonnent dans le silence, nos pas arrachent des sonorités étranges au bizarre parquet de poutres que nous foulons et l'on a l'air de parler, grâce aux échos des angles arrondis, dans une boîte à violon.

Le saint Sacrement est absent, aussi notre conversation est-elle moins déplacée.

L'église semble morte sous ses dorures poussiéreuses, puisque nulle lampe n'y palpite devant la divine Présence. D'ailleurs y vient-il quelquefois quelqu'un ? On en douterait.

Cela sent l'humidité, le salpêtre, le renfermé et le cierge fondu.... Mais par la porte ouverte le vent du soir nous amène les senteurs silvestres des hauteurs, pures, vierges, éternellement jeunes et embaumantes.

Dehors, c'est au-dessus de la petite place derrière la Serra le plus beau coucher de soleil qui soit. Le ciel, à l'ouest, du côté des grands espaces mystérieux, est vert, transparent, lamé de jaune, de pourpre et de bleu-noir, on dirait les bandes d'un de ces châles comme en portent ici les mulâtresses. Pâle, très pâle, un mince croissant, les cornes en l'air, gravit les cimes, là-haut, et s'en va vers cette tache sanglante, dans l'immensité calme, tandis que, brusquement, sans crépuscule appréciable, c'est la nuit qui se fait.... Une nuit profonde, silencieuse, fraîchie, et tandis qu'au ciel de cristal une à une paraissent en tremblant les premières étoiles, autour de la place herbeuse s'allument les fenêtres basses de la vacillante lueur des chandelles de suif.

— Est-ce assez beau, cela.... fait A..., qui s'émeut à la splendeur du spectacle....

Et je fais signe que oui, rempli moi aussi d'une émotion quasi-religieuse, et tout imprégné que je suis de cette sérénité je ne trouve pas de paroles dignes de l'exprimer. Seul, en de pareils instants, le silence ne profane pas.

Nous entrons alors dans la *venda* près de l'église où nous devons trouver de la vieille argenterie portugaise à acheter. Le patron nous accueille avec un bon sourire dans sa courte barbe blanche, et nous offre du café.... Tout commence par cela à Minas.

La maison est basse, enfumée, sans meubles autres que des banquettes cannées le long des murs. Le propriétaire a l'air bien peu marchand, c'est une tête expressive, distinguée au possible, et ses manières ont un parfum vieillot de bonne façon qui sent le grand seigneur. Ce sera gênant tout à l'heure pour débattre les prix....

A.... nous prévient qu'il est d'une ancienne famille de *fidalgos*. Il sort pour nous chercher le peu qui lui reste, dit-il, d'objets en argent que les gens gênés le chargent de vendre. Quelques instants après il revient avec un panier où des choses brillent faiblement dans la poussière sous la lumière fumeuse des chandelles.

Ce sont d'abord des candélabres Louis XVI, très fins et gracieux, un service de table, couverts et cristaux aux armes effacées, martelées, XVIIIe également. On l'a chargé de faire argent de ce vieux fatras auquel les gens n'attachent que l'importance du métal. On n'aime pas encore les vieilleries à l'Intérieur ! La mode n'en est pas encore parvenue, et quant aux souvenirs que ces choses du passé peuvent rappeler, on n'en fait que bien peu de cas.

Demain.... voilà qui intéresse.... mais hier, avant-hier, indiffèrent la grande majorité.

— C'est vieux ! — cette appréciation-là est presque synonyme de laid, sale, usé, bon à rien. Il faut entendre le ton avec lequel les gens disent *E' antigo* — c'est ancien — .... il y a là-dedans un peu de mépris, beaucoup de pitié, presque de la honte ! On dirait qu'ils veulent s'excuser près de vous de cette vétusté, chose si anormale dans leur pays neuf, ou qui du moins ne veut plus être que cela, oublieux de son passé et de ses vieilles gloires.

Est-ce beaucoup plus ridicule que cette mode du vieux à outrance chez tant d'incompétents qui ont, par snobisme, l'amour du XVIIIe, qu'il vienne de l'époque ou du faubourg Saint-Antoine !... C'est à savoir....

Mais ici, ce soir, une vraie tristesse se dégage de ces reliques d'un temps et de gens disparus, et que l'on renie ainsi, dont on se défait. On a presque de la pitié, une profonde compassion pour ces pauvres choses qui vont finir au creuset ou peut-être, pis encore, chez des profanes qui n'y verront que le métal sans rien comprendre à cette poussière d'histoire qui les a ternies ainsi et noircies. Qu'on nous la mette de côté, cette argenterie du Portugal, venue dans les fontes ou les coffres des Bandeirantes, ou ciselée par leurs fils dès la conquête.

Nous saurons, nous, comprendre mieux, peut-être, ces *lacrymæ rerum* et rêver, en contemplant ces armes mi-effacées, à ceux dont elles furent jadis l'héritage de gloire, depuis le plafond de Cintra.... jusqu'à la borgne *venda* de Sabara!... Mon beau-frère, qui regardait par la fenêtre durant ces achats, m'appelle soudain.

— Oh! regardez!...

Je regarde, en effet, et je vois une chose aussi saisissante qu'inoubliable....

Dans la nuit calme, où pas un souffle ne ride la feuillée, où pas un bruit ne vient révéler la vie, sous la lueur pâle du grand ciel profond, une étrange procession s'avance et se déroule. Ce sont, deux par deux, torches de cire allumées au poing, une longue file de pénitents vêtus des pieds à la tête d'un long domino noir terminé en cagoule pointue et ne laissant voir que les yeux et les mains. Le cortège s'avance en glissant, semble-t-il, et l'on n'entend pas les pas dans l'herbe. Vers le centre, les confrères de l'*Irmandade* sont plus serrés et marchent de cette allure lourde, cadencée, si tristement caractéristique qu'ont les porteurs de morts. D'autres suivent, puis d'autres encore, pareillement vêtus, en files muettes, sans un chant, sans une parole. Ils ont l'air de passer ainsi sur la toile d'un cinématographe avec, en plus, cet air fantômesque, irréel et troublant qu'ont les figures de mauvais rêve.

Seules, les tremblottantes flammes des cierges qui longuement s'étirent en arrière et fumaillent à l'air frais du soir, mettent une note de réalité dans cette étrange apparition...., Pas de croix, de clergé, de prières — du moins officielles — rien que la fuite hâtée de ces formes sans nom et sans voix qui portent, de nuit, ce mort anonyme !...

C'est anormal, impressionnant, un peu inquiétant même....

Les autres, dans la boutique, discutent le prix de l'argent au poids.... et le pèsent. Ils n'ont même pas regardé ! Pourquoi ? Ils connaissent cela. A ... sourit de nous voir aussi impressionnés.... il a l'air ravi de nous faire voir quelque chose de si peu banal.

— C'est une bonne chance que vous ayez pu voir cela. C'est un si vieil usage que je le croyais aboli ici comme il l'est aujourd'hui partout ailleurs.

— Regardez bien, vous ne verrez plus chose semblable sans doute....

Nous regardons, en effet, de toute la force de nos

yeux. La procession fantôme s'engouffre avec les mêmes apparences glisseuses sous le porche de l'église, car ce mort est un chrétien, un catholique, malgré l'absence de croix et de clergé et l'*Irmandade* est une confrérie pieuse, une sorte de Tiers-Ordre. Mais ces enfouissements furtifs, ces cérémonies nocturnes et presque clandestines viennent de fort loin. Ils datent des temps troublés et incertains où la vie humaine comptait peu, alors que les épidémies, les guerres, les révoltes, faisaient la mort plus habituelle comme quelque chose de tristement quotidien — de moins redoutable — parce que plus coutumier. Et puis, dans ces pays, où le soleil est le grand ennemi, contre qui il faut toujours lutter, les pauvres morts ne peuvent rester longtemps près des leurs, bercés par la plainte des prières ; il faut les enlever bien vite, avant les dangers de la corruption rapide. Il faut que les vivants vivent, que les morts soient tout de suite du passé.

Deux heures après, ayant dîné à l'hôtel *da Estação* à côté de la gare, nous rentrions à Bello Horizonte, lentement, à toute petite allure du train quasi-vide, par une nuit si pure, si calme, si pleine de parfums sauvages et forts, faite d'une sérénité sans nom.

Nous avons laissé sur le quai Francisco Rosa, dit Chico Rosa, le feutre à bout de bras, multipliant les adieux. C'est avec émotion qu'il nous recommandait mille fois « de ne pas l'oublier à notre prochain passage, lui notre guide toujours à nos ordres, Francisco Rosa, dito Chico Rosa!! »

Notre prochain passage? Comme c'était probable!... Et encore! Sait-on jamais?...

CHAPITRE X

Caethé

C'est de la petite ville de Caethé, dont le nom, en indien, veut dire bois épais, *matta espessa*, que commença notre expédition à mule. Nous y débarquâmes un beau dimanche d'octobre avec nos armes et nos bagages, devant y trouver les animaux de selle et de bât, *os animaes*, comme on dit là-bas de tout ce qui est bête de somme, et les *camaradas* de notre escorte. J'aime bien ce nom de *camarada* que l'on donne au compagnon nègre, indien ou métis, *caboclo*, qui accompagne le voyageur et fait route avec lui. Un *camarada* n'est pas un domestique ni un *boy* comme en Extrême-Orient; ce n'est pas, à proprement parler, un guide ; il n'est pas là spécialement ni pour vous montrer le chemin, ni pour vous défendre, non plus pour vous servir, et pourtant c'est un peu de tout cela que se compose sa fonction. Il sellera votre monture en même temps que la sienne, prendra soin de votre harnachement comme du sien, préparera le bivouac commun, allumant le feu ou chauffant le café que l'on boit ensemble, et donnant le maïs aux bêtes, indistinctement chevaux ou mules, à la même auge. Il vous accompagnera à la pêche, à la chasse, où il excelle, dans vos ascensions, considérant que, dans le *sertão*, chacun doit savoir se débrouiller par lui-même, ou alors rester en ville, et ne vous portant qu'en cas de réel besoin cette aide qu'on ne se marchande pas entre égaux.

Soucieux à l'extrême de sa dignité, conscient de sa qualité d'homme libre, ce n'est pas un subordonné tout à fait, bien qu'il soit d'une grande obligeance et d'une stricte discipline. Sans obséquiosité, déférent, un peu méfiant et hautain même dans sa politesse, toujours respectueux et loyal, c'est un vrai camarade que le *camarada*. Nous en eûmes deux avec nous, dont je me souviens avec plaisir et reconnaissance, car c'étaient de braves gens qui nous furent d'une grande utilité et avec qui toujours nous avons eu les meilleurs rapports. L'un, qui s'appelait Dyonisio, était un *caboclo* aux trois quarts indien, qui venait de l'ouest de São Paulo avec les mules de mon cousin ; c'est lui qui s'occupa en cours de route de A.... et de moi. Le second, que nous prîmes à Caethé, était un grand colosse de noir aux cheveux grisonnants, à l'éternel sourire, fort comme un cheval, et répondant aux noms de José Antonio ; il fut affecté à mon beau-frère et au *capitão*.

Caethé ressemble, comme une sœur jumelle, à
Sabará. C'est le même horizon de montagnes hautes, sombres et sévères, le même silence introublé,
aux rues étroites et mortes, les mêmes églises à
tout bout de ruelles sur les mêmes places herbeuses où voisinent les boîtes de conserves, les enfants
morveux, les chiens maigres et les poteries hors
d'usage. Ceci n'est pas pour les différencier du reste
de bien des bourgs de chez nous.

Nous étions descendus chez un ami de A...,
M. Paulo P..., fils d'un des anciens présidents de
l'État. Il fut pour nous d'une amabilité plus que
brésilienne : je ne trouve pas, pour caractériser la
bonne hospitalité de M. P..., d'épithète rendant
mieux ma pensée. Il était encore un tout jeune marié de trois semaines à peine, et nous venions, lui
et sa charmante jeune femme, les déranger en pleine
lune de miel. On ne pouvait tomber plus mal ;
pourtant tous deux firent l'impossible pour nous
recevoir de la plus exquise façon.

La maison où habite le jeune ménage est de vieux
style colonial et domine la fabrique de poteries
fondée en 1842, que, courageusement, M. P.... est
venu là exploiter par lui-même, afin de faire œuvre
d'homme dès ses vingt-trois ans, œuvre utile, et
d'employer de bonne façon son intelligence, son
avoir et son savoir.

Non moins courageusement, car Caethé est loin
de Rio, de São Paulo et même de Bello Horizonte,

et peu praticables sont les chemins de terre et de fer pour y parvenir, Mme P.... est venue accompagner son mari. Elle, qui est encore loin de ses vingt ans, elle a quitté la capitale fédérale, ses parents, ses amies, ses plaisirs, bravement dédaigné tous les succès mondains que son élégance et sa grande beauté devaient lui attirer, pour suivre son époux — si loin — sur son champ même d'activité. Tout le charme, tout le confort de son intérieur est son œuvre, et c'est une belle œuvre et méritoire, car malgré les difficultés d'une pareille entreprise, tout y est tel qu'on le désire.

C'est un intérieur très moderne — dans le bon sens du mot — électricité, eau chaude et froide, salles de bain... et cela semble étrange de trouver tout ceci, si loin dans le *sertão*.

Le contraste est flagrant avec l'intérieur, murs de terre battue, toits plats et avancés, galeries en bois faisant le tour du premier étage avec des hamacs et des meubles de bambou national, vaste *porão* ou rez-de-chaussée surélevé où se trouvent relégués les services, tout ce qui caractérise enfin les vieilles demeures de jadis. Une grande cour intérieure formant terrasse donne sur la ville et la fabrique, avec à droite et à gauche les servitudes larges et aérées. C'est du haut de cette terrasse qu'au siècle dernier le précédent propriétaire, le baron de Catas Altas jetait à poignées les pièces d'or aux gens de Caethé, ses soirs de bonne humeur. A ce petit jeu, malgré que sa mine lui fournit abondamment des munitions, sa fortune s'ébrécha, puis s'effondra. Il dut se dessaisir de la maison où habitent à présent les P.... Que cette anecdote est donc bien caractéristique de tout un ensemble d'idées, de faits et de gestes, bien éloigné de nous à présent !

Comme nous ne devions partir que le lendemain matin, l'après-midi étant réservé aux préparatifs sous la direction du *capitão*, ferrage des mules à crampons pour les escalades et les chemins pierreux, arrimage des effets de campement et des bagages sur les bâts, ajustement des harnachements, etc..., nous fûmes, après la grosse chaleur, visiter la *cidade* de Caethé.

Cette petite cité, déjà fort curieuse d'aspect, a aussi un intérêt historique assez grand.

Ce fut de Villa Nova da Rainha, comme elle s'appelait alors, qu'en août 1708 éclata la guerre entre les Paulistes, installés autour des centres miniers qu'ils avaient découverts et les étrangers, *os Foresteiros*, Espagnols, Hollandais, Portugais, protestants français, que le mirage de l'or avait attirés de Rio de Janeiro. Cette guerre porte dans l'histoire du Brésil le nom de *guerra dos Emboabas*.

Il y a deux opinions sur l'origine de ce nom. Les uns disent que les Paulistes appelèrent ainsi leurs adversaires à cause de leurs grandes bottes en entonnoir faites de cuir découpé et tailladé qui les forçaient à marcher les pieds écartés comme des oiseaux aux pattes garnies de plumes, *com allusão as aves de pernas empennadas*. D'autres veulent faire venir ce surnom de leur qualité même d'étrangers : *amo*, loin ; *aba*, homme, en *lingua geral*, sorte de *sabir* aux mots métissés de portugais et de *tupi*. J'aime mieux la première étymologie, elle est la plus pittoresque, et puis c'est celle que A.... croit la plus vraie aussi, comme étant la plus peuple, ironique, bien caractéristique et dépeignant d'un seul trait.

Toujours est-il que c'est sur la petite éminence où se trouve maintenant le cimetière, au nord de l'église principale, qu'un Pauliste, par une belle journée d'août 1708, fut tué dans une rixe avec des *Forestreiros*.

Ceux-ci furent massacrés jusqu'au dernier à la bataille de Cachoeira. Les Paulistes ensuite prirent les armes, et par deux fois taillèrent en pièces les bandes venues pour venger les premiers tués. Le chef des Paulistes se nommait Domingos da Silva Monteiro.

Il était le successeur de cet extraordinaire vieux Fernão Dias qui se faisait appeler le gouverneur des émeraudes, *o governador das Esmeraldas*, et qui, de 1701 à 1708, parcourut, à la tête de sa grande *bandeira*, le *sertão*, des rives du Sabarabussu jusqu'au Guiacuhy.

La *Matriz* est curieuse. Elle fut bâtie par un pauvre *padre* qu'une jeune fille avait calomnié, et qui avait fait vœu d'élever un temple au Seigneur si son innocence était reconnue. Quand, après quelques années de souffrances morales et physiques, d'emprisonnement et d'exil, justice lui fut rendue, il se mit à l'œuvre, et toute sa vie se passa à construire cette église. Elle est très grande, très vaste de nef, avec deux hautes tours carrées, aux vagues airs de beffroi. On sent qu'elle fut construite en des temps troublés et difficiles, et qu'il fallait défendre, derrière les meurtrières de ses clochers, les richesses de son Trésor, convoitées par tous les errants du *Sertão*. L'intérieur est encore plus ouvragé que celui de Sabara : il est tout aussi doré.... et poussiéreux. Les clochers, les charpentes, les sacristies furent successivement visités par nous, en bons touristes, à la grande joie du sacristain. Nous étions pilotés par le *Juiz de direito*, homme charmant et distingué, parlant fort bien français. Il est le premier juge de la *Comarca*..... quelque chose comme un président de Cour d'appel qui présiderait aussi le Conseil d'arrondissement.

La sacristie nous retint le plus longtemps. C'est un terrible Capharnaüm, en haut, derrière la coupole du chœur.

Vieux tableaux crevés ou écaillés, chandeliers d'argent disloqués, lanternes, falots, vasques, bancs de chœur et débris de stalles sculptées, confessionnaux délabrés.... tout s'y trouve en profusion lamentable !... Il y a trois siècles qu'on entasse des choses de rebut ici..., et lentement la poussière rouge qui monte de la cité, qui s'envole des pistes sous le sabot des mules, qui vient du large, aussi, chassée par le vent d'ouest, à travers les fenêtres sans vitres..., ensable cet amas par couches épaisses !...

Dans un vieux bahut aux gonds éclatés, sordides, des hardes consacrées s'entassent : chasubles de soie et de velours, chapes de drap d'or et de brocard, étoles, voiles, thabors, vieux galons, vieilles applications de métal, agneaux divins, croix auréolées, ostensoirs de broderie. Puis des aubes, des rochets, des nappes d'autel avec leurs dentelles roussies par l'âge, mangées de rouille et de poussière, rongées des rats, déchiquetées par les *baratas*, moisies de toutes les humidités, de tous les suintements, en débordent sitôt qu'on y touche. Il y avait là la fortune de plusieurs antiquaires, mais nous n'avions ni le temps ni le moyen de remuer tout cela, et d'y faire un choix que verraient de fort mauvais œil les préposés à la garde de ce saint fatras. Toute une énorme pile de vieux registres en parchemin reliés en veau ou veufs de leurs dos, de leurs plats, décousus, minables, sous deux pouces de cendre, s'entassait dans un coin. Ils sont couverts de taches de cire, gras d'estampilles de doigts, léchés de vertes moisissures... et me tentent ! J'en feuillette un, puis deux. Tristement l'âme des vieux livres s'en exhale, dans le fade relent qui en monte, je sens combien j'aimerais à les compulser, ces témoins des jours morts, à les parcourir à loisir. Mais la mine allongée du sacristain — qu'est-ce qu'il se figure ? — son air désapprobateur, me font brusquement cesser mon inspection. Ils sont d'ailleurs, ces vieux bouquins, écrits en portugais manuscrit des XVII⁰ et XVIII⁰ siècles, à ce que je vois aux chiffres romains qui les datent... alors, leur âme m'est encore bien plus fermée... inaccessible !...

En sortant de là nous sommes allés nous asseoir sur le tertre qui domine le cimetière, sur les degrés du calvaire que l'on y érigea, quand fut tué, là, le Pauliste cause de la guerre.

C'est une grande croix de bois brun, rugueuse et roide, encore surchargée des instruments de la Passion. La lance, l'éponge emmanchée du roseau, l'échelle, les clous, le marteau et les tenailles, le suaire, le vase où l'on puisa le vinaigre avec le fiel, la sainte couronne d'épines, au croisement des branches ; tout cela est en bois découpé où se retrouvent encore des dorures incomplètement effacées. Et sur le faîte de la croix, la queue en panache, la crête orgueilleuse en dents de scie, le bec entr'ouvert, droit sur ses pattes raides et naïvement posées, le coq de Saint-Pierre s'égosille vers l'Orient !...

Derrière nous c'est la Piedade où nous monterons demain. Le mont se coiffe de lourdes nuées, de la fraîcheur semble tomber avec le soir qui descend.

Tout à l'heure M. P.... s'était arrêté sur la tombe

de son père où nous avons prié avec lui. Il se souvient, et son émotion, rappel des heures tristes et récentes, le fait taire et se recueillir. Nous, pris par la beauté de l'heure, par la sauvagerie sincère du lieu, envahis par tant de sentiments si complexes... nous nous recueillons aussi, communiant de pensée certainement entre nous, sans le secours des mots inutiles.

Et c'est un repos profond, un calme intense et bienfaisant qui se dégagent ainsi des choses pour nous vers le soir, dans cette petite ville de l'Intérieur.

A regret presque, nous regagnons la maison par les rues où déjà flottent les haleines nocturnes, où la poussière refroidie, plus lourde, sent le soir.

Notre dîner fut gai, cordial, abondant, brésilien... délicieux. Notre nuit dans nos petites chambres coquettes se passa sans rêves — du moins quant à moi — ce qui est certes la meilleure manière de dormir en voyage, et nous partîmes à mules le lendemain matin pour les montagnes.

Sur la route de la Serra de Piedade.

CHAPITRE XI

Nossa Senhora da Piedade

Nous devions partir de très bonne heure, au matin, afin d'éviter les heures chaudes, et voilà que nous ne nous sommes mis en route qu'à onze heures, après avoir déjeuné chez les P.... Une mule de bât manquait; une autre, la mienne, s'était déferrée. Petits contretemps qui fatalement arrivent dans toute expédition... Et puis d'ailleurs, j'en appelle à tous ceux qui ont fait des routes à plusieurs, commandé des troupes si minimes fussent-elles, ou dirigé des convois, a-t-on jamais vu une colonne partir à l'heure fixée?... Elle n'était pourtant pas bien considérable, notre colonne... elle se composait de deux mules paulistes pour A.... et moi, d'un cheval *nacional* acheté à Caethé pour mon beau-frère, de trois autres mules pour le *Capitão*, Dyonisio et José Antonio. Derrière nous, venait le convoi composé de deux mules de bât et d'une mule de selle montée par le *tropeiro* ou muletier, Pedro Antonio.

Sur les bêtes de charge on avait équilibré fort adroitement deux cantines pour quatre et deux gros sacs de toile imperméable contenant des lits pliants, un hamac, des couvertures et des munitions, le tout recouvert, ficelé par des lassos, de grandes peaux de bœufs, poil en dehors. Nous avions tous des vêtements de toile kaki, avec de grands chapeaux de feutre. Bottés, éperonnés, le revolver et le couteau à la ceinture, nous en imposions ! Le couteau, *facão*, devait nous rendre les plus grands services dans les chemins difficiles que nous avons suivis, le revolver était un porte-respect, tout d'ordre moral, nous ne l'avons jamais sorti de son étui, ni les uns, ni les autres... mais il était là... Dyonisio et Zé Antonio portaient nos fusils de chasse derrière nous, enfin, le chien de M. P...., qui nous avait pris d'amitié, courait devant nous sans vouloir nous quitter. Cet épagneul fauve aux bons yeux intelligents s'appelait Péri ; il fit avec nous tout le voyage.

Le ciel est couvert, nous aurons moins chaud.

— Oui, mais la Piedade a son bonnet, comme on dit ici, — fait remarquer M. P...., — il pleuvra avant ce soir.

Je pense à part moi que nous connaissons déjà la pluie *mineira* et que les manteaux sont sur les selles. Mais là-haut, en effet, au-dessus de l'usine, le mont s'est embrumé, de larges nuées y traînent jusqu'à mi-flanc, presque bleues sur le violet intense des roches.

— *Adeus* — merci bien, merci mille fois.

Des mains que l'on serre, de grands coups de chapeau, romantiques, le feutre à bout de bras, puis, au trottinement saccadé des mules, nous sommes partis.

Les éperons grattent le poil presque sous le ventre, le *chicote* caresse rudement les croupes et, secouant leurs longues oreilles étroites, à petits pas courts et sûrs, nos montures nous emmènent.

Il a plu cette nuit. L'air est beaucoup plus frais. Le feuillage lavé reluit comme vernis à neuf et la piste, dès Caethé quittée, monte en lacets humides et gras vers la montagne.

La route se fait gaiement. Un *cafézinho* par ci, un autre petit café par là à de pauvres maisons basses, *vendas* ou gîtes de *caboclos*, cela s'offre toujours au passant, cela ne se refuse jamais, et, somme toute, cela est agréable et réconfortant. La pente s'accentue. On passe des champs de canne à sucre, d'étroites bandes de manioc et de maïs... des pâtures avec un bétail pauvre et chétif, puis bientôt plus rien que le *serradão* aux arbres rabougris, repousses malingres de la forêt brûlée. Des *capoeiras* verdoyantes, sortes de petits bois de peu d'étendue, nous cachent de temps à autre la pyramide sombre de la Piedade.

A une fourche de la piste, nous lâchons notre convoi. Il doit aller directement à la fazenda de Macucu où nous coucherons ce soir, et nos mules de bât sous leur lourd chargement qui tangue s'enfoncent derrière les arbres bas et contournés.

La végétation se fait plus rare, de place en place elle manque totalement, et c'est le roc nu qui paraît, couleur de pourpre antique, irisé, si chargé de minerai de fer que la montagne elle-même semble une immense et unique masse de métal brut. Les pas de nos mules ont des sonorités de forge.

Une fontaine. Dans une sorte de niche plâtrée, une source jaillit de terre, défendue par une grille de bois, vermoulue. Nous sommes à trois kilomètres à peu près de la chapelle, là-haut perdue dans le nuage.

Nous mettons pied à terre, et l'on boit dans une corne de bœuf que Dyonisio porte à la selle, une eau d'un goût un peu acidulé. On passe son temps à boire de l'eau, partout ici, et sous tous les prétextes. Et le plus curieux c'est que l'on ne s'en trouve pas plus mal, au contraire! A.... fait le vœu, paraît-il, de monter à la Piedade à pied, quelque temps qu'il fasse. J'ai fait, pour l'obtention d'une chose chère, même promesse : aussi laissons-nous tous les deux nos mules aux mains des *camaradas* et, arrachant d'un reste de clôture deux *taquaras* ou bambous, nous commençons l'ascension. Guillaume et le *Capitão*, qui n'avaient pas les mêmes raisons que nous de faire le fantassin, restent sur leurs montures respectives : pauvres bêtes! elles ont dû se souvenir de cette côte-là! Je m'étais promis, dans mon for intérieur, d'arriver, coûte que coûte, le premier là-haut, attachant à cette idée un peu superstitieuse la réalisation de mon désir. Aussi c'est à une allure de chasseur alpin que je grimpe.

Au bout de cinquante-cinq minutes, montre en main, dont vingt pour le moins dans un brouillard à ne pas voir à plus de dix mètres, j'arrive au faîte. Le chemin, quoique dur, est bien indiqué par le sentier où montent en raccourci, une fois l'an, les pèlerins ; il empêche toute erreur.

Ma pensée se reporte aux empanachés guenilleux et fiers qui, les premiers, montèrent là, il y a plus de deux siècles, et je me sens grandir de tout le prestige de ce souvenir...

Quelque chose d'imprécis, d'un peu massif et fuligineux, se dessine devant moi en haut des quasi-marches de la piste, et à travers la buée lumineuse, comme argentée, le couvent de la Piedade paraît sous la plate-forme de la cime.

Un peu de pas gymnastique pour être bien sûrement le premier, et j'arrive tout en eau — sueur et pluie — à bout de souffle aussi, devant la porte de la chapelle.

A travers le brouillard, on voit mal. Mais je crois distinguer une sorte de quadrilatère écrasé, au toit bas fait de tuiles disjointes, au crépis émietté, dont les côtés se prolongent dans du vague.

Une porte close. J'y heurte. Elle résiste. Alors je fais quelques pas dans cette sorte de demi-nuit trouble et jaunâtre, et j'en trouve une seconde enfoncée qui gît à l'intérieur hors de ses gonds, arrachés. Une petite nef basse au plafond jadis peint de bleu-céleste et or, des murs blancs écaillés, lépreux de moisissures, où les trous laissent voir la terre pilée et les lattes, un plancher qui sonne le creux... Dans le fond sur un vieil autel de bois peint, rococo et disjoint, le plus étrange, le plus impressionnant des tableaux.

C'est derrière une grande vitre fêlée et verdâtre, boueuse de poussière collée et d'humidité, une *Pieta* de l'école espagnole datant pour le moins de deux cents ans. La Vierge pâle tient entre ses bras, reposant sur ses genoux, exsangue, le corps divin de son Fils, un corps blafard, verdâtre, où les plaies ne marquent même plus, et qui se laisse aller saisissant de réalisme, côtes saillantes, tous muscles relâchés, tête basse, pieds et mains pendantes.

La Vierge au cœur poignardé de sept glaives dédorés, fantômesque dans ses vêtements clairs tournés au noir, avec des taches gâtées sur le visage et les mains, fixe devant Elle l'immense et muette désolation de son regard. Ce n'est pas Lui qu'elle regarde, mais ceux qui viennent à Lui, et ses yeux disent la détresse sans nom, son chagrin au-dessus de tous les chagrins. C'est vraiment la douleur faite Mère... *Mater Dolorosa*... Une petite fenêtre cachée au public, trompe-l'œil bien XVIII°, éclaire par le fond, à gauche, cette image de souffrance. Les yeux de la Mère sous la tombée blafarde de cette lumière semblent vivre presque et reprocher.

CHAP. XI. — NOSSA SENHORA DA PIEDADE

J'en suis tout saisi. Je n'ai jamais vu quelque chose de plus troublant, de plus profondément triste, de plus intensément religieux que ce pauvre tableau mal peint et délabré, dans cette église abandonnée, clôturée de silence, de lointain et de brumes. Aussi, d'instinct, c'est à genoux que je prie de suite là pour tous ceux que ma pensée aime à réunir pieusement, pour tous les êtres qui me sont très chers. La prière gagne de recueillement en cet invraisemblable silence du lieu... des instants se passent...

Il fait trop frais ici, humide... Un coup de vent fait battre là-haut, quelque part dans un clocher, dans les combles, je ne sais où au-dessus de moi, une porte gémissante ou un volet... Et voilà que tout d'un coup, j'ai froid jusqu'aux moëlles, la sueur arrêtée, un long frisson à l'échine...

Des voix, des pas. Les autres entrent. Alors, sans que nulle parole n'ait été prononcée, ils font comme j'ai fait, dans le silence retombé. A....., que la montée raide et fatigante semble avoir beaucoup lassé, se remet péniblement debout. C'est en boitant légèrement qu'il va devant nous pour nous montrer le couvent et nous en faire l'historique.

Un des compagnons du frère Lourenço, un fidalgo nommé Bracarena, qui fuyait comme ceux-ci la persécution de Pombal, vint fonder en ce lieu solitaire, au sommet de la Serra, un petit ermitage à l'endroit même où la tradition voulait que la Vierge ait apparu à une petite muette et lui eût rendu la parole... Puis des Jésuites y habitèrent, puis des religieuses Clarisses. Nulle part à Minas, la Foi ne fut plus vive alors qu'ici.

Pendant la première moitié du XIXe siècle, la Piedade fut le théâtre des extases de la Sœur Germana. Un jour qu'elle méditait sur le mystère de la Passion, ses bras s'étendirent en croix, et elle demeura en cette posture, quarante-huit heures. Pendant toute la vie de cette sainte femme, ce phénomène se répéta tous les vendredis. Elle restait, le jour durant, comme crucifiée, et sans prendre aucune nourriture. Des savants, des voyageurs, comme Saint-Hilaire, Spix, Martius et Eschwege, en furent les témoins et le relatent dans leurs ouvrages. Après les sœurs vint un prêtre de Caethé... A.... ne sait plus bien et d'ailleurs, qu'importe l'histoire dans ce lieu fait plutôt pour les légendes ?...

Il est maintenant abandonné, et c'est seulement à l'époque du pèlerinage annuel qu'y viennent les gens ; *certanejos, caïpiras, caboclos*, ou nègres y montent pieds nus, cierges de cire en main, les mères portant les petits malades ; tous viennent y chercher la grâce qui soutient, qui aide, qui console, près de la Mère du Perpétuel Secours.

Il s'y mêle, à ce qu'il paraît, comme un peu de superstition craintive : ce n'est pas tant la Vierge que *Nossa Senhora da Piedade*, et le tableau prend à ce culte un vague air d'idole barbare.

Le bâtiment se compose de plusieurs petites mai-

L'expédition au pied de la Serra de Piedade.

sons accolées, de toutes formes, de toutes dimensions et successivement ajoutées, qui se divisent en pièces étroites comme des cellules, Les murs y sont nus et souillés de boue, de mousse et d'immondices, la terre battue humide et suintante y tient lieu de pavage ; dans plusieurs d'entre elles, des foyers de grosses pierres, des tisons éteints, des restes de poteries, des débris d'os, des paniers de *sapé*, san. fond, voisinent avec des litières faites de bambou fendus et d'herbes débottelées. Ce sont les traces du passage des derniers pèlerins en avril passé.

Il y a quelques années encore, nous dit-on, u vieux couple de nègres gardait cette ruine ; mais il se sont lassés de cet éloignement si total de tou être humain, la peur aussi de cette solitude étrang séparée de tout ce qui vit par la hauteur, et le broui lard perpétuel... la Peur,.. les a pris, tragique, irr' fléchie, des ombres du soir et des pièces désertes o le vent se plaint. Ils sont partis sans qu'on sach quand, où, ni comment.

Maintenant il n'y a plus personne ici que l morts !... A.... prend un temps pour dire cela.. les morts qui dorment sous le parquet crevé c la nef !...

Le *capitão* qui ne disait rien, oppressé, semble-t-i par l'aspect bizarre du lieu, paraît soudain cor prendre ce qu'on dit, lui qui ne sait que si peu français et que nos considérations habituelles ind fèrent un peu ; des mots l'ont frappé, il a saisi, se hâte de sortir. Dehors il pousse comme un soupir de soulagement et, vite, se confectionne un *cigarro*, avec son rouleau de *fumo* et l'épi de maïs séché qui lui pointe toujours de la poche. Nous, que les revenants impressionnent moins, nous continuons notre tournée. D'autres salles, un cloître effondré avec, au centre, un puits herbeux à la margelle démolie, encombrée de poutres de roseaux et de débris sans nom, garde là des eaux de fièvre, stagnantes, irrisées et putrides. C'est un abandon funèbre, total, triste, triste... Dans le vestibule de la chapelle, sur le crépis délabré rose et vert du mur, des gens ont signé leur nom au crayon, au charbon, à la pointe du couteau. Je fais un cadre de quatre coups de crayon, et j'y trace sous la date ces deux mots qui seront compris de tous après nous, puisqu'ils sont dans la langue universelle :

AVE MARIA

puis nous signons. Ce sera là tant que dureront ces pauvres traces, la preuve de notre pieuse visite, l'hommage de notre pensée et de nos cœurs, passants que nous sommes, à Madame Marie, à Nossa Senhora da Piedade.

Dehors le brouillard est toujours épais, tangible presque. Le *capitão* nous promet bien que cela va se dissiper et que nous verrons alors un splendide panorama. Mais nous n'en croyons rien. *Que pena!*

— Quel dommage, fait A....

— Vous auriez eu la plus belle vue de tout Minas ; on a un tour d'horizon de plus de quatre-vingts lieues de pays !

— Que voulez-vous... tant pis ! Ce n'est de la faute de personne. Il faut bien s'en aller. Nous avons encore à voir l'asile, où nous dinerons, puis il faudra marcher vivement pour arriver chez M. J.... de C. V.... à la fazenda de Macucu, pas trop tard dans la nuit. Le brouillard ne veut pas se lever. En route !

Mon beau-frère et le *capitão* reprennent leurs bêtes qui stationnent placides et seules, la tête basse, les rênes pendantes, et l'on redescend. Je cueille alors près de la tour du clocher, entre deux roches, une petite parasite jaune qui, j'espère bien, refleurira chez nous en Anjou, plus tard. Je l'appellerai : *lembrança da Piedade* — souvenir de la Piedade — et je suis certain que sa fleur sera ravissante, pâle de couleur peut-être, humble comme le lieu caché où elle fut ramassée. Et quand elle n'aurait d'autre parfum que celui du souvenir, cela me suffirait pour la chérir.

Après la descente aussi difficultueuse que la montée, nous arrivons à nos bêtes qui nous attendaient sous la brume qui se fond en pluie fine.

En selle. Les articulations sont un peu raides, mais dans une petite heure nous serons à l'asile.

CHAPITRE XII

L'Asile

La brume pluvieuse cesse dès que nous arrivons au bas de la montagne.

Pendant près d'une heure nous suivons des pistes semblables à celles du matin, sur des rocailles, dans des *serradoes* rabougris, à travers de maigres *capoieras* d'arbres à caoutchouc, où des abeilles sauvages petites et noires suspendent des nids ovoïdes et lisses comme des ballons de « foot-ball ». Le sol est tout piqué de termitières : j'en mesure une, elle dépasse mon chapeau tandis que je suis assis en selle, et ma mule a bien 1 mètre 40 au garrot. Puis voilà qu'au loin des arbres paraissent, plus hauts, plus touffus, eucalyptus, *figueiras*, *paineiras*, avec un verger de citrons et d'oranges, plus près encore des champs de bananiers avec les bannières vertes et déchiquetées de leurs larges feuilles. Une *porteira* qui grince comme une roue de char tandis que le *capitão* l'ouvre sans descendre de sa mule, le corps tout penché hors de la selle au troussequin de métal, et nous pénétrons dans une allée carrossable — ou presque — que des jardins fruitiers bordent à droite et à gauche. De petites maisons blanches comme celles des colons dans les fazendas de l'ouest pauliste, de noires figures enfantines au seuil.

A de gros piquets à peine équarris, dressés pour cela dans une petite cour carrée, nous attachons nos mules.

A ce moment une exclamation heureuse nous fait lever les yeux de notre besogne, tourner la tête. Sur le pas de la porte d'une des *casas* blanches — — la principale, celle qui a des vitres aux fenêtres et une porte peinte en bleu-ciel — un grand vieillard mince aux cheveux blancs, sa pauvre soutane râpée à boutons rouges, retroussée sur des bras violets, paraît avec une figure surprise et joyeuse. Il vient vers nous les bras ouverts, savatant dans des pantoufles crevées, de toute la vitesse de ses vieilles jambes.

Alors A.... et lui s'étreignent, comme on fait ici quand on se rencontre, la main droite de chacun des embrassés battant, à plat, une amicale mesure dans le dos de son partenaire.

Cette fois pourtant il y a là autre chose que le simple usage d'une tradition de politesse. On sent que ce sont deux amis chers de jadis, qui sont restés par la force des choses éloignés longtemps et que la joie de la rencontre émeut d'un trouble heureux mêlé de reconnaissance et d'action de grâce. On nous présente. Alors le vieillard aux yeux clairs et droits, au regard paisible, nous serre la main chaudement, largement, entre les deux siennes, paternel, avec un subit abandon, bien expressif, si confiant que je le trouve un suprême hommage vis-à-vis de A.... Il s'excuse avec un bon sourire jeune dans sa figure ridée et pâlie, de ne pouvoir s'exprimer suffisamment en français. Il a su... mais il y a longtemps, alors, maintenant il ne sait plus.

Quand même on se comprendra, de Français à Brésilien, amicalement. D'abord les choses que nous dirons seront si simples.... et puis A.... n'est-il pas là, toujours attentif et patient interprète.

Dans la salle basse, carrelée, où les chaises de rotin s'alignent bien en ordre aux murs nus, on se croirait dans une cure de chez nous. Même silence, même relent d'humidité et de renfermé. Le vieux prêtre et A..... causent, causent gaiement, entassent d'un côté les questions, rapidement, s'étendant complaisamment de l'autre à de multiples réponses. Je saisis bientôt, à travers les noms propres et les demandes de nouvelles réciproques sur les amis — morts ou vivants — qu'il est question de nous. Que l'on nous « explique », que l'on raconte le petit historique déjà souvent récité à de nombreux auditeurs successifs et intéressés. Puis c'est nous, à notre tour, que l'on renseigne.

Mgr Do.... P. est prélat romain, chanoine honoraire d'une des basiliques, je crois, sans avoir jamais été à Rome. Il dirige ici cet asile mi-collège d'enfants pauvres, mi-couvent agricole, comme une sorte de Trappe séculière et mixte qu'il fonda en 1865. Monseigneur est aussi l'aumônier du couvent où les Sœurs d'un ordre brésilien se sont dévouées à l'enseignement. Le prieur de la Trappe est le maître de toutes les industries qui pauvrement, petitement, y végètent, au sein de sa minuscule population *cabocla* et noire. Que nous sommes loin des grands établissements paulistes où les Bénédictins et les Salésiens émerveillent par leurs résultats et l'énergie de leur œuvre. Nous sommes bien ici dans une région retardée où l'on vit encore de la vie d'il y a deux siècles. Nous suivons toujours de très près la trace des *Bandeirantes*.... Ne sont-ce pas là les épaves laissées dans leur sillage?

Nous marchons dans leur pas, dont l'empreinte est à peine effacée.

Tandis que l'on prépare la collation — notre dîner — nous visitons l'Établissement.

C'est d'abord la pauvre chapelle simplement installée dans l'ancien quartier aux esclaves de cette antique fazenda désaffectée. Je ne connais rien de plus émouvant que ce rapprochement. Le Dieu du pardon, de la miséricorde et du rachat, le divin Libérateur succédant aux abaissés de jadis, aux opprimés, dans le lieu même de leurs pires souffrances.

Une auberge à Minas.

Elle est humble, propre, méticuleusement claire, avec des statues peinturlurées, des tableaux saintement ridicules et des chromos de la rue Bonaparte, en plus laid, si possible ! Tout cela est touchant, pourtant, et consolant, en ce lieu témoin, jadis, de tant de désespoirs !

On y retrouve aussi, naïvement étalées aux places d'honneur, les milles petites horreurs pieuses, familières à toutes les communautés : cadres de coquillages fluviaux, fleurs artificielles en papier, en étoffe et en fibres d'arbres régionaux. C'est même là une des spécialités de l'endroit, les ouvrages en fibre de bananier. Ceci est vraiment la chose curieuse, intéressante, la seule qui mérite l'attention.

L'idée est venue au vieux prélat de se servir des troncs de bananiers que l'on coupe, la récolte des régimes une fois faite, et qui pourrissaient avant lui, inutilisés, méprisés et méconnus. Il fait décortiquer par ses orphelins les longues feuilles aux fortes nervures, puis, avec le fil ainsi obtenu, un peu cassant, court, gras et soyeux, il confectionne mille petites choses. On en fait du papier solide, qui, par le grain et la pâte, semble du bristol ou du parchemin, suivant les cas, des dentelles communes et nationales, sur de vieux modèles français et flamands : des étoffes qui, même de tout près, à la vue et au toucher, paraissent être de soie. Des fleurs bien artificielles et conventionnelles, lys, roses, palmes, marguerites. pensées et autre flore d'autel.

On va jusqu'à fabriquer des ornements sacerdotaux.

On nous montre — morceau capital — chef-d'œuvre des bonnes Sœurs — une mitre que l'on venait d'achever pour Mgr l'archevêque de Marianna, et qui, avec ses broderies à la main, ses applications et son fond blanc et brillant, en soie de banane, est vraiment aussi jolie qu'originale.

Une vieille Sœur toute courbée vient prévenir que le repas est prêt.

Alors, dans le réfectoire-parloir, à une table couverte d'une nappe en fibre, elle aussi, nous nous installons. Le menu est entièrement végétarien et local. Tout y a été récolté, préparé, cuisiné, distillé, confituré ici : depuis les petits gâteaux secs de farines de manioc et de maïs jusqu'aux compotes de citron et d'orange, en passant par les gelées et marmelades de coings, de goyaves, de patates douces de mélasse non raffinée, *rapadura*. De splendides bananes, longues, pesantes et dorées, fleurant encore le verger sous le soleil, et qu'on vient de cueillir pour nous, occupent — naturellement — la place d'honneur. Nous les mangeons comme il est d'habitude ici, avec du *queijo* ou fromage de Minas, pâle, gras, onctueux, exquis. Nous buvons de l'hydromel, comme d'anciens dieux de l'Olympe, du vin de *caju*, du vin de palmier, et après le café nous devons goûter, sur les injonctions pressantes du prélat, à plusieurs liqueurs faibles en alcool — heu-

« Coqueiros ».

Parc à bétail.

reusement — genre bénédictine, en plus sirupeux, que l'on fabrique au couvent avec des bananes — toujours — des jaboticabas, des écorces d'orange et de la canne à sucre, tout cela séparément ou savamment mixturé. Je n'ai pas même remarqué alors que nous n'avions pas de pain — ce n'est qu'après, en y songeant — et pourtant c'est la première fois que cet aliment si important, si indispensable à des palais français, nous manque.

Nous ne devions plus en revoir — que par extraordinaire — jusqu'à la fin de notre voyage. J'avoue que cela fut pour moi une vraie, une profonde, je dirai même une cruelle privation.

Tandis que nous faisions honneur à ce goûter, Monseigneur nous cherche un diplôme et une médaille d'or. son orgueil, gagnés à la dernière Exposition internationale de Turin, où il avait envoyé de ses produits manufacturés. A la façon dont il montre à A.... ces récompenses, semblant vouloir lui faire partager sa joie et son triomphe, je soupçonne, quoique leur discrétion à tous deux soit complète, que notre cousin n'y est pas étranger. Il est certainement pour un peu, sinon pour beaucoup, dans ce prix venant de si loin couronner cet humble travail inconnu, perdu dans ce pays ignoré. Et pour cette nouvelle preuve de sa bonté si discrète, de sa générosité si bien cachée, j'en estime davantage encore, si possible, mon ami A....

Mais le soir est venu, cependant, trouble à travers

les vitres verdâtres de la salle. Le *capitão* cesse de dévorer et de largement s'abreuver à tous les cruchons, à toutes les fioles, il a forcément écorné son roulo de *fumo*; des cigarettes éteintes se noient, boueuses dans nos fonds de tasses. Il est l'heure. Repartons.

Nous retrouvons nos mules qui achevaient de mâcher les derniers grains de leur provende de maïs. Nos *camaradas* essuyant avec un soupir satisfait leur *facão* sur la cuisse, les rengaînent. Je les vois, la bouche pleine encore, entasser dans leurs bissacs galettes, bananes et quartiers de *queijo* dont les bonnes Sœurs les ont pourvus abondamment. Alors, ce sont les adieux. Et c'est toujours triste, ces départs d'un lieu où l'on sait que, suivant toutes probabilités, on ne reviendra jamais plus! Jamais! Quelle intense mélancolie, quelle un peu décourageante sensation de fin dans ce mot. C'est une pensée qui est plus attristante encore à certains départs, — sans que l'on sache bien pourquoi — il s'y mêle confusément comme une sorte de révolte. Jamais plus nous ne reviendrons là. Pourtant il faut partir.... et l'on part!... Le vieux prélat nous serre dans ses bras, paternellement, plus qu'affectueusement même, avec cette sorte d'émotion contenue qui trouble tant quand on en a la sensation brusque, la révélation intime. Alors je réunis tout ce que je sais de portugais pour lui demander sa bénédiction pour moi et les chers miens. Je sens jusqu'au fond de moi tressaillir la bénédiction de son geste et, après lui avoir baisé l'anneau, je pars convaincu d'avoir vu.... un saint.

En file indienne, par la piste boisée, les *porteiras* retombées en claquant derrière la dernière mule, nous chevauchons vers Macucu. Avec A.... nous parlons de cette réception si simple, si affectueuse, si biblique et patriarcale, et de cette grande figure modeste de prêtre toute reflétée d'une lumière étrange qui n'est pas d'ici-bas.

— Vous savez que c'est presque un prophète? Il a prédit des choses qui sont arrivées.... et d'autres terribles, effrayantes que l'on attend avec crainte!

— Et qui se réaliseront, soyez-en sûr, fis-je convaincu.

— Je le crois, répond A.... simplement.

— En tous cas, vous venez de voir un saint.

— Oui, dit mon beau-frère, on le dirait vraiment.

Et moi, je pense que je l'avais senti.

La nuit, brusquement, est tombée du ciel. De vert-clair le couchant est devenu violet-pourpre, puis bleu-noir. C'est l'obscurité d'un coup, dès l'entrée d'une *capoeira*. Après quelques instants pour que l'œil s'y fasse, on voit. A travers les arbres surgissent les premières étoiles, tandis que dans les fourrés paraissent aussi de tremblotantes lueurs qui flottent, flammèches verdâtres et s'entrecroisent, ce sont des vols de mouches à feu, des *vaga lumen!*

Des *campos* déserts, sous un silence total. Des masses claires, qui sont des troupeaux, couchés en rond sur le feutre ras des *pastos*. Un rio d'argent sous la lune parue, et que l'on passe à gué, coule des reflets comme si l'on y agitait une lame d'épée. Des montées vers les étoiles au sommet des croupes arrondies où strident les cigales, près de la Croix du Sud couchée. Des descentes vers des fonds herbeux. Des pistes de cailloux et des pistes de sables, des sentiers boueux et d'autres épineux — puis, parfois, plus de sentiers du tout — l'herbe noire de nuit dont la senteur s'accuse, poivrée, sous le pas des mules. Des *porteiras* fermant des enclos, coupant les voies, clôturant des concessions agricoles. Et sur tout cela le vent frais, doux, venant du loin, par delà les immensités inconnues du mystérieux Ouest....

Puis, soudain, sans préliminaires, sans qu'il y ait eu une raison de changement, semble-t-il, un large enclos de poutres debout, autour d'une maison au balcon circulaire, que l'on voit à travers les arbres noirs d'un verger — verte sous la lune. — Nous sommes à Macucu.

On hèle : des chiens aboient. Derrière une fenêtre, puis successivement derrière les autres de la façade, une lampe paraît qui circule à l'intérieur.

Des bœufs mugissent alentour auprès de nous, soufflent avec inquiétude, de leurs naseaux mouillés de rosée nocturne et de bave.... Alors notre hôte paraît, M. J. de C. V.... Il vient à nous, mains tendues, grand, mince, dans des vêtements de cotonnade blanche et de grandes bottes. Il nous prie de « daigner mettre pied à terre » *desapiem, meus senhores* et d'entrer, suivant la belle formule antique d'hospitalité.

Nous le suivons dans une pièce démeublée où seuls se trouvent une grande table avec des bancs fixes : là il nous prie de nous asseoir et nous sert à boire.

— *Eu acho que é vinho francez.*

— Je crois que c'est du vin français — fait-il avec un aimable sourire. Et moi aussi — ô douceur — je crois, avec une petite émotion, reconnaître le goût sec, un peu « pierre à fusil » de cette liqueur pétillante. Serait-ce du vin d'Anjou ?

Et par quel hasard ?

— Je le tiens d'un ami, explique-t-il, — qui n'en a pas indiqué la provenance. — A.... traduit. Qu'importe ! J'aime à le croire mien, ce vin de France, venant des gais coteaux de la petite patrie — et j'en rebois un autre verre, qui a encore plus goût de souvenirs.

Dyonisio et son camarade ont dressé les lits que l'on avait déchargés des mules de bât, arrivées deux heures avant nous. A..., mon beau-frère et moi nous faisons ce soir chambre commune dans une vaste pièce au plafond bas. Les lits de camp s'alignent près de celui que l'hôte prépara, et après un rapide déshabillage tous trois nous nous endormons, assez las, mais ravis de cette première étape. Dans la pièce voisine, avant que la chandelle de cire ne fût soufflée par A.... sur l'escabeau de bois où elle était collée, on avait entendu déjà, large, sonore, pacifiée, la solide respiration du *capitão* endormi, sans plus d'histoires, de réflexions, ni d'analyses.

« Bananeiras ».

Une fazenda d'élevage.

La forêt brûlée et débitée.

CHAPITRE XIII

De Macucu à Taquarassu

~~~~~~

Quand je m'éveille ce matin-là, de bonne heure — cinq heures à ma montre — le soleil joyeusement entre par la fenêtre. Alors je vois mes deux compagnons occupés, assis sur leurs lits, à une attentive perquisition. Je me mets à rire à ce spectacle, mais pour bien vite déchanter.

Hélas! moi aussi, je suis attaqué par les *carrapatos*, et ce n'est qu'à grand renfort d'ammoniac que tous trois nous nous débarrassons réciproquement de ces incommodes visiteurs rapportés hier de notre traversée du *sertão*.

Le *carrapato* est une plaie de ces régions peu habitées, non cultivées, où les *serradões* abondent. Ce parasite, qui ressemble à une petite araignée rouge-brun, ou mieux à un minuscule crabe, se cache sous les feuilles grasses des mauvais arbres rabougris, dans l'épaisseur douteuse des buissons nains, et de là gagne les passants, bêtes ou gens.

Tous les animaux en sont infestés, chevaux,

taipa, aux poutres apparentes. Une galerie de bois de *peroba* en fait le tour en dehors, toutes les portes-fenêtres y donnent. Un petit oratoire au bord de cette vérandah, comme dans toutes les fazendas, est converti à présent en sellerie; on y voit encore un semblant d'autel et la trace d'une décoration violente et primitive qui s'écaille et tombe en poussière ! Tout autour de l'habitation, ce sont, à la suite, les enclos à bétail, le verger d'orangers, de citronniers et de *jaboticabeiras*, un vieux moulin à canne désaffecté avec son pilon effondré, hors des montants, ses conduites de bambou et de terre, pourries, crevées, laissant fuir par cent trous l'eau fraîche et bruissante qui retourne au petit ruisseau; plus bas, le *corrego de Macucu*, d'où le nom. Çà et là des pans de murs écroulés, des toits sans tuiles ni chevrons, aux poutres squelettes et branlantes, des carrés de pisé, écrétés, disent l'emplacement d'anciens bâtiments, logements des esclaves et des bêtes, *officinas* d'autrefois, aux temps prospères. Le ricin et les arbres épineux y poussent follement !

Nous apercevons, pour la première fois, ce que pouvait être dans cette région une fazenda au temps de l'esclavage, et ce qu'elle est maintenant, quand on n'a pu ou voulu y remplacer ce mode de travail par la main-d'œuvre des émigrants. Nous sommes loin des immenses exploitations agricoles, riz, maïs, café, manioc, canne, de São Paulo, avec ses colonies bien fournies par l'émigration italienne, allemande, espagnole, portugaise ou même japonaise.... Je remets à plus tard d'interviewer A.... à ce sujet, loin des oreilles mêmes incomprenantes du maître de céans.

D'innombrables porcs gîtent sous la maison, dans les pilotis du *porão* : leurs disputes, leurs repas, leurs ébats grognons font un vacarme assourdissant et dégagent des relents assez mal odorants. Une autre partie du rez-de-chaussée, fermée celle-là aux incursions porcines, contient des réserves considérables de manioc, de maïs, d'huile de coco, dans de grandes auges taillées au feu, ou même de gigantesques troncs d'arbres. Celui où l'on garde l'huile de palme et qui tient presque tout un côté de la pièce, mesure quinze pas réglementaires de 0^{m}75 ; ses bords sont plus épais que mon bras, et j'y tiendrais très à l'aise comme largeur, couché dans le fond. Des peaux fraîchement écorchées et roulées ou tendues au mur par des chevilles de bois, empestent la charogne, le chlore et le tan.

Dehors, dans un des *curraes*, des vaches laitières, suitées de veaux maigres et titubeurs, attendent leur tour d'être traites, avant d'être dispersées à nouveau par les *pastos*.

Des bœufs croisés de zébu aux grandes bosses noirâtres et molles sur une robe gris-cendre, les fanons bleus et baveux, ruminent leur rêve lent et lourd avant de subir le joug. Des *vaqueiros* nègres, les pieds nus, éperonnés d'énormes mollettes qui les forcent à marcher sur les pointes, le chapeau de feuilles de sapé sur la tête, à peine vêtus de loques boueuses de cotonnade, vont et viennent, jetant le maïs aux volailles et aux porcs, portant des colliers de bois, traînant des chaînes de couple ou soutenant avec soin, précieusement, des mesures d'écorce pleines d'un lait écumeux.

Nous buvons, sitôt trait, du matinal régal, tandis que l'on selle nos mules sous un hangar mi-chaviré.

Devant l'escalier de la maison, une petite génisse de quinze mois environ, les yeux révulsés, le flanc convulsif, les dents découvertes sur des souffles courts, achève de crever.

— Une mouche charbonneuse, explique M. de C. V.... avec ennui. Et un peu découragé malgré son énergie, il nous dit la difficulté de la *creação*, de l'élevage, dans ces districts sauvages, les plus en retard, les moins cultivables de tout Minas.

— Tant que nous aurons des pâtures comme les nôtres, il n'y a rien à faire, ajoute-t-il, et malheureusement je ne vois pas comment nous pourrons les transformer sans main-d'œuvre et sur des espaces aussi considérables. La tâche est trop forte.

Il nous énumère alors quelques-uns des adversaires de l'éleveur. Ce sont les *carrapatos* d'abord, vraiment énormes dans la région, les *bernas*, sorte de ver qu'une grosse mouche plate d'un bleu métallique pond dans les chairs et qui vient à grossir de la taille presque de l'auriculaire d'une main d'homme.

Les troupeaux dans les « Pastos ».

Sur la bête alors des plaies purulentes se forment, le cuir n'en vaut plus rien, témoins ces peaux qu'il nous montre, mises à sécher comme de gigantesques cerfs-volants, et qui sont criblées.

Puis on a encore à redouter les *bichos de pé*, autre ver qui se loge dans les pieds du bétail et le rend boiteux et ankylosé : les abeilles sauvages, noires, velues et minuscules, qui harcèlent les petits veaux et les poulains, les faisant fuir affolés jusqu'en des lieux inconnus, où ils s'enlisent et crèvent, abandonnés ; les araignées, *carangueijeiras*, les fourmis venimeuses, les diverses sortes de serpents à venin, *jararacussu*, *cascavel*, ou serpent à sonnettes, cobra corail, *sucuri*, ou boa de grande taille. Il y a aussi les poissons au nez plat et long, qui remontent les cours des *riberões* et mordent cruellement aux lèvres et aux membres les animaux qui s'abreuvent, les vampires qui saignent les mulets à la jugulaire, la nuit, même sous les hangars de la cour. Et depuis peu, brochant sur le tout, les mouches charbonneuses ont fait leur apparition !... Cet énoncé me donne aussitôt l'envie pressante de m'en aller. Il est découragé — il y a bien de quoi — et veut abandonner complètement ce retiro de Macucu.

— L'endroit est damné !...

— Ma foi, ça en a l'air.

A.... l'encourage de son mieux — la tâche est arduc — essayant de relever cette énergie fléchissante.

Et moi je trouve cela très beau cette lutte contre tant de difficultés, très noble cet entêtement contre la nature, si vindicativement ennemie de ceux qui violent, en ces solitudes, sa sauvagerie native. Je voudrais bien pouvoir le lui dire, au lieu de simplement acquiescer sans cesse avec des *sim* brefs et intempestifs ; mais passant par un interprète, même aussi complaisant et complet qu'A..., ma phrase ferait long feu : je me tais donc, à regret.

Cependant la génisse agonise. Des porcs énormes, noirs comme des sangliers, avec des défenses courbes hors du rictus de leurs faces écrasées en boule-dogue, hérissés de soies rares et rudes, tout boueux, viennent donner du groin contre cette carcasse essoufflée, secouée de longs frissons, d'aucuns y mordent et la bête mugit de détresse, douloureuse, lentement, sans forces pour se défendre, les yeux chavirés et ternis. Des chiens que l'on incite sur les porcs pour les disperser, y vont sans enthousiasme, craintifs des coups de boutoirs. Alors des vachers appelés lancent leur lasso sur la bête, qui vient de se raidir soudain et de crever. Ils l'entraînent pieds d'ici, tête de là, la langue noire et tirée, dans la poussière rouge, vers un creux du ravin, hors du *curral*. D'ici quelques heures, *gaviões* et *urubus*, ces fossoyeurs du *sertão*, en vols épais et noirs, accourront des quatre vents du ciel, et ce soir, au clair de lune, sur la carcasse nette et luisante, les fourmis monteront en files, avant que la

Bœufs au « Curral ».

Les Croix de « l'Homme qu'on assassina ».

chair n'ait eu le temps de pourrir, de se sécher....

Un déjeuner rapide — sans pain — *feijões, arroz, frango* aux piments, de la farine de manioc sur de la viande séchée, de l'eau coupée de *caninha*. Un café. Puis les mules étant prêtes, nous partons. Il est plus de dix heures.

Déjà la chaleur fait brasiller les lointains bleus derrière les *coqueiros*, et la route est rude, paraît-il. M. de C. V. nous accompagnera jusqu'aux limites de ses terres en cette direction : deux lieues, douze kilomètres.

Le paysage est assez monotone. Coteaux pierreux, végétation mince et rare avec les squelettes noircis des grands arbres brûlés jadis, et qui dressent un peu partout leurs troncs ébranchés. De hautes herbes où passent d'inquiétants troupeaux mi-sauvages, où des vaches maigres font brusquement tête à notre passage. On crie sur elles *tio, tio*, on brandit son fouet, on tourne un lasso à bout de bras, l'animal détale en un galop traversé, et l'on va. Par places, de grands vols d'*urubus* disent une perte nouvelle dans le bétail qui paît là.

Sur la frontière, M. de C. V.... s'arrête. Chacun met pied à terre. C'est sur le bord d'un *corrego* encaissé, où poussent à profusion des buissons très verts et des arbres à bois tendre, à tiges élancées, tout entortillés, du pied à la cime, de lianes et de parasites fleuries. On boit à la ronde l'eau fraîche et claire dans le même gobelet fait d'une corne de

10

bœuf, en commençant par nous, les étrangers, que l'on veut honorer. Puis après, d'amicales paroles portugaises et françaises, qui se devinent de part et d'autre plus qu'on ne les comprend, nous l'étreignons à la Brésilienne.

Les mules renfourchées, chacun va son chemin. De suite notre hôte a disparu derrière un pli de terrain, blanc sur sa mule grise, et nous continuons vers une forêt qui brûle au loin, très loin, sur une montagne à cinq lieues d'ici, nous a-t-on dit, et qui touche celle de Taquarassu où nous allons.

De midi à quatre heures, nous cheminons ainsi. Ce sont bien les heures les plus chaudes du jour, mais nous sommes encore au printemps de là-bas — octobre — et puis nous sommes forcés de les employer. La route serait trop difficile de nuit, périlleuse même, à cause des pentes et des mauvais fonds, et grâce au peu de temps dont nous disposons, il nous faut faire de longues étapes.

Les *carrapatos* pleuvent du feuillage. A chaque instant on les voit courir de leurs six pattes, agilement, sur nos genoux, nos bottes, nos bras, nos gants, le pommeau de la selle ou l'encolure de la bête. On les fait tomber — quand on peut — dégoûtés d'en écraser sans cesse. Que dire de ceux que nous n'avons pas vus, qui nous ont piqués sournoisement, et que nous sentirons nous brûler toute l'étape, jusqu'à l'arrivée où l'ammoniaque nous vengera et nous soulagera !

A un carrefour de la piste, nous rencontrons encore le monument commémoratif d'un meurtre. Quand un homme a péri de mal-mort dans le *sertão*, on érige à la place où se commit la chose, une croix rustique faite de deux branches liées. Une petite clôture, mi-clayonnage de *taquaras*, mi-haie de rameaux feuillus, entoure le calvaire primitif de son hémicycle champêtre. Chacun des amis du mort y vient planter en terre un de ces gros cierges de suif, jaune, populaire, qu'on trouve aux *vendas* les plus humbles, et qui, dans tous les logis d'ici, fumaillent lentement, longuement, autour de la corde de leur mèche de coton.

A chaque anniversaire, ils en rajoutent. La tradition, en effet, veut qu'au bout de mille de ses amicales chandelles ainsi brûlées, l'âme du défunt, si noire soit-elle, si chargée de crimes qu'elle puisse être, va droit au Ciel! Aussi, tous d'y aller de leur cierge — à titre de revanche, sans doute, toujours possible — pour délivrer des Géhennes du Purgatoire l'âme dolente et misérable!

Nous en vîmes souvent, de ces croix, de « l'homme-qu'on-assassina »... et chaque fois, avec notre pieux salut désintéressé, n'ayant pas de bougies sur nous, nous en fûmes d'une prière qui valait autant de notre part, anonymes passants que nous étions, à ce mort anonyme!...

Vers quatre heures, nous abordons à un *sitio* ou petite fazenda sur le bord d'une rivière où un colon noir *o senhor João Barbosa* nous accueille à bras ouverts. C'est un chasseur émérite, bien connu de A.... et aussi de ceux de Taquarassu. Là encore, la bonne hospitalité simple avec son parfum d'amitié. On nous offre un *cafézinho*, des verres de *pinga* avec de délicieux petits gâteaux de maïs faits par *sua Senhora*, et le brave homme est si enchanté que *doutor A....* soit descendu chez lui que nous ne pouvons plus partir.

Il nous demande avec hésitation si, pour lui faire honneur, nous consentirions à signer sur un cahier qu'il a là, parmi ses choses précieuses. C'est étrange et si inhabituel ici. Qui a bien pu lui inspirer cette idée ?... Nous le faisons de bonne grâce, et son honnête face noire aux yeux d'émail blanc, au sourire largement épanoui, s'en éclaire davantage encore de joie. Sa « dame » bourre de bananes nos *camaradas* qui se laissent se faire, les yeux brillants encore du coup sec de *pinga* qu'ils viennent d'absorber.

Nous allons toujours, la rivière passée, à un gué profond et trouble où le flot méchamment, semble-t-il, coule sous les arbres tordus où son niveau monte visiblement. Est-ce une crue pour bientôt? Hâtons-nous de quitter la vallée. João Barbosa doit venir demain matin avec quelques chasseurs *caïpiras* pour chasser un cerf, *veado*, dans la forêt au-dessus de Taquarassu. Qui sait s'il pourra franchir le gué?

Nous marchons sur la fazenda avec, comme point de direction, la forêt qui brûle. C'est une grande « queimada » comme on dit ici, un brûlis de plusieurs centaines d'hectares, première opération de tout défrichement. Le soir vient, paisible et mélancolique, au bruit marécageux de milliers de grenouilles avec accompagnement strident de cigales. Des *periquitos*, perruches vertes, passent en vols bruyants, des *rollinhas* qui sont de toutes petites palombes à gorge feu, roucoulent doucement à la cime des *coqueiros*. Puis la nuit tombe, qui fait de suite la route incertaine, fourbe, avec l'incessante bifurcation de ses pistes, l'obscurité des fourrés, la ressemblance monotone des crêtes voisines où se piquent des étoiles inconnues, la traîtrise des fonds humides, où l'eau fait éponge. Pourtant, sans trop d'encombre, avec notre colonne de feu comme guide là-haut, là-bas, nous arrivons à huit heures du soir chez M. J. T. de V. e M. à la fazenda de Taquarassu.

CHAPITRE XIV

Taquarassu

Taquarassu veut dire : « grands bambous ». Le propriétaire de cette fazenda, M. J. T. de V. e M. est un homme charmant, encore dans toute la force de l'âge, et qui dirige lui-même le mouvement agricole de ses propriétés. Il « fait valoir » comme l'on dirait chez nous, et cela est encore une différence avec les fazendas paulistes dont les maîtres habitent la ville, et qui confient à des gérants, *administradores*, le soin de les faire fructifier. Lui, il est là toute l'année, n'y rêvant rien d'autre que son devoir quotidien. Il y vit avec sa femme et ses deux fils, dont l'aîné qui a une vingtaine d'années, vient de terminer ses études à l'Académie de Marianna, la ville universitaire de Minas.

Cette famille est vraiment patriarcale, et représente ce qu'étaient autrefois au Brésil les propriétaires fonciers qui ont fait sa grandeur, sa richesse et son renom. Il flotte dans cet intérieur comme un parfum de vieux us conservés jalousement malgré le temps, comme des traditions chères. On y vit sur soi et de soi. Peu de rapports avec l'extérieur. Les bruits du dehors parviennent ici bien affaiblis, car les forêts sans chemins, les ravins, les rios, séparent et isolent Taquarassu du reste du monde. Il faut plus de trente-six heures de cheval pour porter une lettre à la poste la plus voisine, et quand les pluies sont venues en avril et mai, on ne peut même plus aller aux limites de la fazenda que bornent, sans fin, des *maitas virgens*...

Tout y est forcément du crû. Les fruits de la terre, les plantes du potager, les céréales des champs gagnés sur la brousse, la viande des troupeaux et leur lait, la chasse des forêts, la pêche de l'eau claire du *riberão* et de ses sources composent les menus.

Les meubles sont faits ici, les vêtements tissés par les servantes noires, les harnais fabriqués par les *vaqueiros* qui sont à la fois chasseurs, charrons, charretiers, charpentiers, bourreliers, bouchers et bûcherons. C'est à peine si de Caethé viennent quelques articles de toilette ou d'épicerie, avec les munitions de chasse.

Un moulin à canne, un pilon à manioc, une scierie à turbine voisinent les étables et les magasins de récoltes. Le bétail y est abondant, de race nationale ou croisé *caracu* et zébu. Les mules, petites, nerveuses, fringantes, semblent venir de juments tarbaises dégénérées ou de barbes, frêles et basses, tout en muscles, sans charpente ni viande. Les *car-*

Taquarassu.

Un gué.

Le cheptel de Taquarassu.

Jument Mineira et son mulet.

rapátos et les *bernas* les ravagent comme dans toute la région, sans qu'on fasse rien pour les en préserver. Toutes ces bêtes à moitié sauvages vivent le jour durant dans des *pastos* d'herbe rare, et le soir venu, derrière la *madrinha* mule ou vache portant une clochette au cou et qui les guide, reviennent aux *curraes* chassées par des *vaqueiros* montés. Des cris aigus, barbares, des lassos qui tournent, des *chicotes* qui fustigent, d'effrénées galopades en rond à toute allure, que terminent de fous tête à queue, tandis que des chiens jaunes et maigres, mi-chacals, mi-lévriers, glapissent sur les flancs des *manadas*, c'est le troupeau qui rentre.

Nos montures les accompagnèrent pendant notre séjour, trouvant seulement au retour une ration un peu plus forte de maïs. C'était *Carrapato*, le cheval de Guillaume qui leur servait de *madrinha*.

Le chef de famille est encore ici un personnage indiscutable, indiscuté, dont nul n'a l'idée, même, de suspecter l'autorité. Quoique ne s'occupant pas de politique active et locale — chose inhabituelle dans le pays, où tout le monde est un peu rhéteur — il jouit d'un grand prestige dans toute la région. Sa parole y vaut de l'or. Ses conseils sont non seulement demandés — ce qui peut arriver ailleurs — mais suivis, ce qui est plus rare. Je sais des affaires qui se firent, des transactions qui aboutirent avec cette parole comme seul garant, sans que rien fût écrit ni signé de part et d'autre. Il est, pour une étendue considérable de territoire, le représentant du Prince, qui l'a plus d'une fois honoré de ses lettres ainsi qu'il nous le fit voir. D'une très vieille famille portugaise de *fidalgos*, chrétien convaincu, catholique vraiment pratiquant, conservateur et traditionaliste, il sait faire régner chez lui et autour de lui cette paix sereine des consciences tranquilles qui met en accord parfait la vie et les convictions. Je ne saurais mieux comparer cet intérieur qu'à celui de certaines de nos vieilles familles provinciales qui fournirent au pays les meilleurs de ses serviteurs jadis — héros des grandes guerres, serviteurs de la Papauté, morts glorieux de 70 — et dont les fils et les filles, à l'heure actuelle, peuplent notre armée ou les couvents de l'exil. Simplicité, austérité, intransigeante droiture, c'est tout à fait le même genre. Ce sont de ces gens qui portent leur âme bien au clair dans leur regard, qui n'ont rien à cacher, rien à taire, et dont la jeunesse après avoir bellement fleuri ne passe pas, mais se prolonge comme celle de certains religieux, bien dans leur vocation, affable, confiante, accueillante, avec la même nuance de puérilité charmante.

Une phrase de A.... nous mit tout de suite à l'aise dès notre arrivée, malgré la petite gêne produite toujours au premier abord par la non compréhension des langues respectives.

— Voici mes cousins, avait-il dit, — leurs familles sont de vieilles souches comme les nôtres, et chrétiennes. Ils sont catholiques et monarchistes. Ils ont servi. Puis il ajouta : « Vous vous entendrez. »

— *Sim, meus Senhres* — fit tranquillement le *fazendeiro*, puis il nous serra la main avec un bon sourire. Dès cet instant nous fûmes amis, et sa maison devint véritablement notre maison.

C'est un fin lettré que M. T. de V.... et s'il ne sait parler qu'imparfaitement notre langue, il en connaît à fond la littérature, la bonne, la vraie, la classique, et l'histoire — pas celle des marchandages modernes — non, l'autre, la glorieuse, celle de notre grand et héroïque passé français. Nous eûmes à plusieurs reprises l'occasion et la surprise charmante de nous en apercevoir.

Quand nous nous réveillons le lendemain matin, dans la chambre où nous couchions tous trois, nous voyons avec déplaisir qu'il pleuvait à torrents.

Si la pluie est triste déjà en Europe où elle est personne de connaissance, et chez soi, quand on est installé, avec ses occupations, ses plaisirs ou son labeur, combien n'est-elle pas plus désolante dans les pays du grand soleil, en voyage, et chez des hôtes que l'on connaît de la veille au soir, et dont on ne sait que si peu des habitudes et de la langue... Ce fut légèrement pénible.

Inutile de songer à quitter la maison. Une bonne partie de la journée se passa pour nous sur la vérandah, assis sur de hauts bancs de bois de fer ou des escabeaux tendus de cuir de bœuf, à écouter causer A.... et M. T. de V.... Notre excellent cousin nous mettait, certes, au courant de son mieux, mais il ne pouvait vraiment répéter chacune de leurs phrases en la traduisant ! Aussi le temps se passait-il à petits pas somnolents.

Dehors, là contre nous, la pluie faisait rage, une de ces grosses pluies torrentielles qui ruissellent sur toutes choses avec des airs mauvais de petit déluge.

L'horizon était tout rapproché, brumeux, fumeux, sali de nuées couleur suie, les montagnes disparues, noyées, les ruisseaux débordés, le feuillage cataracteux.

Les palmiers semblaient des appareils à douches, les *coqueiros*, des gargouilles, les bananiers s'en allaient en lambeaux, il grêlait des branchettes cassées, des fruits, des nids, et dans le *curral*, immobiles sous l'averse, l'échine pointée, les oreilles basses, le poil collé, bœufs et vaches, juments et mulets, la croupe sous le vent, attendaient une solution de continuité. Seuls les porcs noirs et fauves, qui, comme à Macucu, logent dans le *porão* sous nos pieds, crottés, visqueux, bruyants et disputeurs s'en donnent à cœur joie de se vautrer dans la boue rouge de la cour. De grands canards, originairement blancs, mais qui sont devenus couleur de flaque, y barbottent en leur compagnie... Et tout le paysage, proche ou lointain, inerte ou vif... est aquatique !...

Vers dix heures, le déjeuner. On l'avait grandement retardé en notre honneur. Avec un peu d'effroi, je l'avoue, tandis que le maître de maison récitait le *Benedicite* — à l'antique — je fis, sans pouvoir y croire, le compte des plats qui garnissaient la table. Ils étaient dix-neuf, bien en ordre, de la *canja* au *queijo*, en passant par les volailles, les légumes et le classique *leitão* entier, qui sur un lit de verdure, du persil dans les narines, une rose rouge à l'opposé, reposait ricaneur, croustillant et doré. Dix-neuf plats ! Il fallait, sous peine d'impolitesse, goûter à tous. La maîtresse de maison, suivant le vieil usage où les femmes ne mangent pas en même temps que les hommes, se tenait debout, au petit côté de la longue table, dirigeant elle-même le service, veillant surtout avec attention aux assiettes de ses invités de marque. Le riz, ici, est cuit dans une sorte d'auge de pierre grise, épaisse, grasse, luisante, à cause de ses innombrables cuissons. Il paraît que l'*arroz nacional* est meilleur et plus savoureux dans cette marmite si bien de « l'intérieur », si typique, spéciale à la région. Au dessert, après les innombrables *doces*, confitures et crèmes si terriblement sucrées pour mon goût, on apporta une bouteille de *vinho nacional* : il arrivait de Rio Grande do Sul, paraît-il, un peu sûr et sentant le fruit. Pas de pain... quelle privation ! On prit avec le café, du *maté* de Minas qu'on y appelle *congoha*, sur la terrasse où la pluie continuait sa chute lente. Alors, le *capitão* décrochant une guitare se mit à chanter des chansons locales, *modinhas*, lentes et tristes, sur le même rythme toujours.

Puis dans une éclaircie parut João Barbosa, notre ami de la veille. Il n'avait pu venir plus tôt, à cause du débordement du *riberão*. Quant aux autres chasseurs, ils y avaient renoncé. Nous ne verrons pas ici de chasses au *veado*. Quelques instants après, pour sortir, nous prenions, mon beau-frère et moi, nos fusils, et nous nous en fûmes tirer quelques oiseaux. Quelques *rollinhas*, des *periquitos*, un perroquet jaune, vert et feu, ainsi qu'une douzaine de merles furent à notre tableau.

Puis, la pluie revint avec le soir tombé, et avec eux, le dîner vers cinq heures et demie. On continuait pour toutes ces raisons, à se croire chez nous... en province !... Comme nous sortions de table, Mme T. de V.... qui nous avait quittés depuis un instant, se tenait dans le bout de la vérandah éclairée par une chandelle de suif, et donnait une consultation à un groupe de femmes.

Il y avait là, parmi les négresses venues pour chercher des potions, de la quinine ou de l'eau blanche, une Italienne toute jeune encore, qui toussait lamentablement. Pâle, maigre, à peine vêtue de loques, elle cachait mal, sous le châle rose vif qui lui enveloppait la tête et le buste, de pauvres mains décharnées.

Ses yeux cernés et creux, ses pommettes rouges, disaient la fièvre qui la dévorait.

D'où venait cette pauvre femme ? Quelle épave était-ce ? Et par quelles malchances n'avait-elle pas roulé avant de venir échouer ici — si loin — en plein *sertão*.... Je n'osais même pas en parler. Il y a de ces malheurs que seul le silence peut suffisamment respecter ; et c'eût été presque profaner cette misère hautaine et digne que d'interroger à son sujet. Elle partit, emportant de petits paquets de quinine, nu-pieds, dans la boue froide, avec sa jupe haillonneuse qui lui collait aux jambes, et nous entendîmes, bien après que la *porteira* fut retombée derrière elle, sa toux déchirante qui s'éloignait lentement dans la nuit.

— *Coitada !...* la pauvre ! Elle s'en allait de la tuberculose, et les heures de sa vie étaient comptées.

Tandis que s'achevait la charitable distribution de soins, de conseils et de drogues, je pensais aux miennes, vivantes ou disparues, qui là-bas, aux antipodes presque, firent sur de semblables misères les mêmes gestes de miséricorde. Au nom toujours de Celui qui est l'éternel don, c'était bien la même charité sans ostentation, la même bonté qui s'ignore.

C'était bien vrai ce que disait A..., nous pouvions « nous entendre ». On parlait ici le langage de chez nous.

Vers huit heures, nous vîmes arriver les serviteurs et les servantes, comme pour une chose habituelle et coutumière. Ils attendaient, un peu étonnés de l'attente qui se prolongeait. Alors M. de T. V.... s'adressant à A...., lui dit quelque chose à voix basse.

— *Perfeitamente!* fit vivement notre cousin ; puis à nous : « M. de T. V.... demande si vous voulez bien assister à la prière qui se dit chaque soir en commun ici. J'ai répondu que oui.... n'est-ce pas ? »

Et nous :

— Mais comment donc ! c'est également la coutume à la maison, vous savez.

Alors, elle commença cette prière, un peu longue, un peu monotone, avec ses continuels répons en portugais, que des voix au rythme traînant prolongeaient sur un mode chantant. Mais combien pieuse, édifiante, et paisiblement bienfaisante !

On y sentait comme la détente désirée après l'âpre labeur journalier. Dans la salle un peu obscure où fumaient lampe et chandelles, à genoux sur le rude plancher, autour du maître, femme, enfants, hôtes et serviteurs priaient tout haut, et de dehors, dans la nuit humide et chaude, des voix redisaient en rétard, à cause de la distance, les *rogãe por nos* des litanies, en kyrielles. Je vis alors une fois de plus, quel lien plus fort que tout autre était notre religion, sainte, pour que des gens si différents de race, de pays, de mœurs, puissent ainsi communier dans la même pensée de contrition, de demande et

Un « Vaqueiro ».

Tableau de chasse à Taquarassu.

de reconnaissance. Comme chez nous, il fut fait mention des présents et des absents, des vivants et des morts, des marins, des voyageurs, des malades et des désespérés, Il y eut intercession pour les mauvais, les incrédules, demande de force pour les dolents et les tièdes, réparation pour les blasphèmes, et l'on finit sur cette même émouvante prière, que je n'ai jamais, chez moi, pu entendre sans trouble : ... « Que la nuit soit paisible à tous ceux qu'abrite ce toit, ce soir, et qu'il leur soit donné, Seigneur, de revivre demain, pour Vous louer et Vous servir !... »

CHAPITRE XV

Singes et serpents

~~~~~~~

Pendant le diner — *jantar* — la veille, on avait parlé chasse. Entre hommes à la campagne — et Dieu sait si nous y étions — c'est un sujet tout trouvé. Sur ce terrain-là, les idées et les mots se rencontrent plus aisément, et puis cela en évite d'autres plus scabreux, glissants, sur lesquels on ne saurait, entre étrangers, ni s'aventurer, ni se tenir.

Donc, la conversation s'était aiguillée sur cette voie, et chacun, dans la mesure du possible, — ainsi qu'il est inévitable — avait renchéri sur son voisin, toujours par l'intermédiaire de A.... Le mot de *bugio*, plusieurs fois prononcé par le fils aîné de M. de T..., me frappa.

Il expliquait à notre cousin, en désignant la montagne proche voilée de pluie, quelque chose que ses gestes ponctuaient ; je croyais deviner.

— Qu'est-ce qu'il dit? demandai-je pour m'assurer.

A.... sourit avec satisfaction.

— Il dit que, dans la montagne voisine, tout près de nous, à quelques kilomètres, des bûcherons, ces temps derniers, en préparant les *queimadas*, ont rencontré toute une troupe de *bugios*.

— Bugios ?

— Oui. Ce sont de grands singes noirs qui, à quatre pattes, sont de la taille d'un chien ordinaire du pays, et debout nous viendraient à la taille. Ils sont voleurs, pilleurs, bruyants, odieux, et font le plus grand tort aux plantations où ils descendent. Les champs de canne surtout ont à souffrir de leurs déprédations. Jusqu'ici, ils ne se sont guère approchés, cette année, des cultures de la fazenda, mais on aimerait autant les voir s'éloigner davantage. Voulez-vous aller en tirer ?

— Comment donc....

Il fut alors convenu que le lendemain matin, si le temps le permettait, on irait chasser le *bugio*. J'étais ravi ! et le laissais voir. C'était un de mes grands désirs que de tuer des singes, gibier que je n'avais encore pu approcher au Brésil, malgré plusieurs essais, et ceux-là, par leur importance, en valaient la peine.

Le lendemain donc, sitôt le déjeuner fini, nous nous équipâmes, A.... et moi. Les propriétaires nous laissaient y aller seuls, ayant ce jour-là à la fazenda des occupations agricoles qu'ils ne pouvaient différer. D'après leurs explications, il fallait aller à mule jusqu'au pied du morne, laisser là nos montures et grimper dans le *matto*, le couteau à la main, pour se frayer un passage jusqu'à une certaine clairière, vers les cimes où l'on avait précisément vu les singes. La distance devait être à peu près de six à sept kilomètres.

Mon beau-frère, à cet énoncé, fit la grimace : marcher si longtemps et par cette chaleur ne lui disait rien ; et puis ce gibier lui semblait bien un peu problématique. Si, après avoir cheminé si péniblement, nous n'allions pas rencontrer ces fameux *bugios ?...* Il préférait rester autour de l'habitation, tirer des *rollinhas*. Celles-là, il était certain d'en trouver à foison, et sans fatigue, le long du *riberão*, derrière le verger.

Quant à nous deux, suivis de Dyonisio et précédés d'un nègre, nous partîmes à mule pour le bois. L'homme qui nous accompagnait était justement un de ces bûcherons qui avaient vu les singes les jours précédents.

La pluie avait cessé complètement, mais il faisait encore horriblement lourd. L'horizon était orageux, avec de grosses nuées basses dans le ciel ; le soleil, caché sous les vapeurs épaisses que dégageait la terre saturée d'eau, rayonnait d'une réfraction forte et moite. C'était un temps de *mormasso*, comme on dit ici, en se servant, pour désigner cet état de l'atmosphère, d'un mot intraduisible exactement en français.

A longs pas souples, de ses pieds nus, la hachette

en main, vêtu d'un simple pantalon et d'une veste de cotonnade étriquée, miteuse, le nègre, sous son large chapeau de *sapé*, marchait vivement devant nous, à travers les flaques, les fondrières, les pierres et les buissons épineux, où nos mules peinaient à le suivre. Sa face grimaçante et souriante, ses gestes d'extrême souplesse le faisaient ressembler à ces singes vers qui nous allions. Il était ravi, un peu fier, et tout pénétré de son rôle. Cette journée où il allait être le guide des étrangers dans une chasse, compterait parmi ses souvenirs importants.

Nous passâmes le *corrego*, montant de suite à travers la brousse, plus épaisse vers les pics boisés. Un affreux chemin en corniche qu'avaient suivi les animaux de bât, mules et bœufs porteurs, qui rapportaient à la fazenda, en convois bi-hebdomadaires, le bois débité là-haut ; des ravins profonds et broussailleux, d'où remontaient des pentes de plus en plus raides, puis il vint un moment où nos montures, ne pouvant plus avancer à cause de la végétation plus vivace et de l'inclination du terrain, nous avons laissé le sentier serpenter vers la droite. Les mules abandonnées, on les attache à un pied de caoutchoutier, puis nous chargeons nos armes et commençons l'escalade.

Ce ne fut pas une petite affaire. Il fallait aller en silence, rester sous le vent, en se glissant dans le fourré fait de plantes épineuses, tranchantes et velues, ou de hautes fougères, glissant à chaque pas sur des mousses invisibles, des pierres insoupçonnées, buttant à des troncs écroulés, agrippés par les racines et les ronces, enlacés par les lianes visqueuses, avec l'idée fixe du serpent caché sur lequel on pouvait passer en ces demi-ténèbres chauds du sous-bois. Et cela avec d'autant plus de certitude qu'on nous les avait prédits nombreux en ces lieux écartés, *cascaveis* et *jarraracas*, serpents à sonnettes et Cie! Nous avançâmes ainsi pendant un moment assez long, tout en sueur, de suite dès les premiers cent mètres, douchés par les feuillages dégouttants de pluie, piqués de mille dards, harcelés par d'innombrables vols d'énormes moustiques qui nous mordaient à travers nos vêtements de toile ou la peau de nos gants. Je commençais à trouver que mon beau-frère avait eu quelque peu raison de rester à la fazenda, quand le nègre qui marchait devant — qui rampait plutôt — s'aplatit contre terre, et se retournant vers moi, qui le suivais immédiatement, me dit à voix très basse :

— « …. Os bugios !… »

La colonne stoppa de suite. Je regardais en l'air, mais ne vis rien dans le feuillage sombre, immobile, sans un souffle de brise. Un silence pesant régnait ; c'était un de ces moments d'affût où les moindres bruits deviennent énormes, et l'on n'entendait au-dessus et plus fort que nos respirations essoufflées, que la chanson taquine des moustiques petits et grands, *borrachudos* et *pernilongos*. Comme j'allais m'assurer de l'endroit où se cachaient si bien ces fameux....

Un sifflement bas et modulé du noir me fit regarder la direction qu'il indiquait du doigt, là-haut, la cime éloignée qui s'estompait dans la buée moite de l'autre côté d'une faille profonde, et je ne voyais décidément rien. Mais soudain des sons graves et prolongés nous vinrent de l'endroit, déformés par l'éloignement et l'épaisseur du *matto*.

C'était quelque chose comme un mugissement long que répétaient en écho avant qu'il n'eût pris fin, brusquement, d'autres mugissements étouffés. En un peu plus bas encore, cela rappelait la voix des grosses grenouilles-bœufs entendues dans les marais du Parayba, ou bien, si l'on veut, l'appel des troupeaux dans les *pastos* quand les mâles beuglent pour le groupement nocturne....

.... *Os bugios*.... fit-on à nouveau....

— *Vamos* — « allons », répéta A..., derrière nous, et, rampant toujours, le fusil au poing, nous repartîmes.

Des pentes et des descentes, des ravins et des croupes, des ruisseaux et des roches, tout cela dans le sous-bois étouffant, dans l'humus noir et fonçant fait de feuilles pourries depuis des siècles, de terre grasse roulée par les eaux d'orages, où l'on heurte avec un court frisson de dégoût les carcasses molles et spongieuses de vieux troncs écroulés. Et toujours pas de singes en vue !...

Nous rampâmes plus d'une heure ainsi, exténués et tenaces. A chaque arrêt notifié par notre guide, la basse solennelle des *bugios* là-haut, là-bas, chantait vers nous ironique ou irritée, puis le silence retombait, plus grand, plus imposant, plus irritant lui aussi.

Je me tournais de temps à autre pour tendre à A.... une main secourable, et, sans rien dire, en vrai chasseur, il se hissait à mes côtés. Alors, derrière lui, je voyais surgir les yeux cerclés de blanc de Dyonisio, brillants comme ceux d'un fauve, et qui riaient d'une joie sauvage, un peu féroce ; .... devant nous l'autre noir, un doigt sur les lèvres, luisant comme une statue de bronze, nous incitait à continuer.

Tout à une fin pourtant.... même la marche aux *bugios*. Un moment vint où, n'en pouvant plus, nous nous laissâmes aller à terre.

C'était au sommet d'un pic moins boisé, qu'encerclait une faille étroite où l'eau jasait en cascatelles. Une sorte de palmeraie, faite de *coqueiros* géants, au tronc dénudé, couronnés seulement d'un bouquet de feuilles, comme de plumes de panache, des troncs d'arbres morts, tout blancs, rugueux, secs comme de l'amadou semblait-il, composaient le paysage.

Assis, nous soufflâmes un peu.

A.... et moi, nous nous regardâmes alors. Nous étions, suants, mouillés, légèrement pâles, avec des manques de souffle et des épaules lasses sous le fusil, des membres qui tremblaient encore du long effort demandé.

Cela avait été dur, très dur, un peu décevant aussi, cette poursuite d'êtres invisibles, dont seuls les grondements colères nous narguaient au loin, en nous guidant. Nous en convînmes tous deux. Mais j'aurais tant voulu les voir, ces *bugios*, que j'étais prêt à recommencer….

Alors, Dyonisio qui était resté un genou en terre, le doigt sur la gâchette, quelques pas au-dessous de nous, s'approcha plus près en se baissant et, du doigt, nous montra la cime d'un *jequitiba* géant surplombant la faille….

Intensément, de toute la force de mon regard…. je regardai…. Rien. Seul, un frémissement intermittent secouait le feuillage du colossal tronc.

Brise ou bête ?...

Lentement, avec des gestes qui se continuaient, Dyonisio leva son arme, la cala bien d'aplomb dans sa paume gauche et visa.

— Tirez donc, me dit A…, sans quoi c'est lui qui le tuera et non vous. J'épaulai dans la même direction.

— Allez donc, ou bien….

Deux coups de feu fondus en un seul, brutaux, bruyants, lui coupèrent la parole. Nous avions tiré ensemble : moi au jugé, lui plus sûrement sans sans doute. Dans le silence qui suivit la double explosion et qu'un instant plus un bruit ne troubla, soudain une chute se fit, pesante, de branche en branche, terminée par un choc étouffé sur la mousse. Puis, de la cime d'où tombait cette chose informe, paquet roux, en boule, une ombre légère s'élança, qui, avec un cri aigu comme d'un chat blessé, disparut dans les hauteurs voisines, salué par un doublé inoffensif.

Dyonisio s'avança, et revint portant l'animal tiré par tous deux, tué par qui? Je n'en ai jamais rien su.

C'était un singe de taille moyenne, gros comme un fort chat, de robe rousse mouchetée de noir, un peu à la façon du chinchilla.

Il avait la face noire et glabre, une espèce de collier de barbe grise encadrant le menton et les joues, les pattes à partir du poignet étaient nues, également sa queue épaisse, cerclée de noir comme celle d'un guépard, pendait longuement.

Atteint en plein cœur, il était tombé comme une masse, sans une de ces plaintes ou gestes humains si impressionnants qu'ont, paraît-il, ces bêtes, d'habitude.

— *O outro està ferido.*

— L'autre est blessé — fit le *camarada* en désignant le bois vers lequel avait eu lieu la disparition.

C'était bien possible, mais le poursuivre à présent eût été vain, tellement légère avait été sa fuite au plus haut des hautes branches de l'autre côté du profond ravin.

Quant aux *bugios* ils s'étaient décidément tus pour tout de bon.... Nous ne devions même plus les entendre de loin.... C'est ce que le noir fit comprendre à A.... dans des gloussements où je sentais comme un peu de dédain pour notre manque de patience, de regret pour la chasse manquée, grâce à notre précipitation. C'était fini pour ce jour-là : il ne nous restait qu'à rentrer.

Les mêmes difficultés nous attendaient au retour, comme bien l'on pense, et si nous ne nous contraignions plus au silence de l'aller, nous n'eûmes pas moins à escalader, à traverser et à glisser, montées, ravins et descentes.

L'orage qui s'annonçait depuis l'aube, grondait au loin, plus fort, plus imposant que la voix des *bugios*, et de longs éclairs bleus foudroyaient sur les cimes dont nous venions. Il n'était ni prudent ni agréable d'aller ainsi sous les arbres, dans cette atmosphère surchargée d'électricité : aussi nous dépêchions-nous.

Un moment vint où, non loin de l'endroit où stationnaient nos mules, disait le nègre, il nous fallait traverser un vrai fourré de fougères arborescentes.

C'était ravissant. J'avoue que j'avais tout à fait oublié qu'il pouvait se trouver des *cobras* par ici, et je m'en allais derrière le bûcheron, fort paisiblement, enchanté de ce spectacle unique de la flore tropicale, et me figurant, à cause du sol, des plantes et de la température, marcher dans une serre chaude.

C'était la même odeur, la même chaleur, la même sensation un peu défaillante de lassitude parfumée. Si pourtant j'avais mieux examiné notre guide, j'aurais remarqué son extrême prudence d'allure et la façon mesurée, circonspecte, dont il ne posait que sûrement ses pieds nus, l'un après l'autre, dans l'étroit sentier, précédant chaque pas d'un rapide regard inspecteur.

Soudain, il s'arrêta si brusquement que je le heurtai dans le dos, moi qui cheminais si confiant et distrait. Puis, d'un jet, son bras droit s'étendit, tandis qu'un sifflement bref fusait de ses lèvres. D'un coup de hachette, parade rapide et adroitement donnée, il venait de couper en deux un serpent.... devant lui, dans le sentier même. Maintenant, sur le croissant de la lame, il ramassait la bête dont la tête manquait, tranchée à terre. C'était un reptile long de plus d'un mètre, de la grosseur d'une forte couleuvre, gris, taché de noir, la queue très effilée, et dont les souples vertèbres ondulaient encore par spasmes.

— *Jararacussu* — dit-il à A.... d'une voix où tremblait un restant d'émotion vite réprimée.

— C'est un grand *jararaca* — expliqua A.... un peu pâle, — le plus dangereux et le plus venimeux des serpents brésiliens. Pour qui n'a pas de sérum sous la main, c'est la mort certaine en moins d'une heure. Pauvre diable, avec ses pieds nus, il l'a échappé belle.... et nous aussi, d'ailleurs, car cet animal, dressé sur sa queue, aurait très bien pu nous mordre au-dessus de la botte ; et alors.... J'étais beaucoup moins à mon aise, moi, que tout à l'heure....

Le bûcheron expliquait quelque chose en patois négro-portugais, en désignant les fougères devant nous.

— Quoi ?...

— Ces serpents — reprit mon cousin, sont toujours par couple. Ouvrons l'œil, l'autre ne doit pas être loin. Je ne trouvais plus ce retour dans les hautes fougères aussi pittoresque et charmeur....

Lentement, très lentement, pas à pas, nous avancions, l'œil au guet, le fusil prêt à faire feu sur « l'autre », dès que nous le verrions — si nous le voyions à temps.

Comme nous étions bottés jusqu'aux genoux, A.... et moi, nous fîmes passer notre va-nu-pieds de guide derrière nous. C'était charité élémentaire. Au bout de quelques dix mètres le bûcheron donna un second coup de hache, à droite du sentier, dans les feuilles.... mais cette fois sans succès. « L'autre » avait disparu. Il n'empêche que nous étions passés bien près de lui, sinon dessus. Cette idée ne fut pas pour nous sourire, nous convînmes que les chasses, en France, sont moins dangereuses, et, tout en cheminant, A.... ne pouvait se lasser de me faire remarquer quel œil vigilant, quel flair dépisteur, quelle merveilleuse adresse ont ces noirs des bois.

La gratification supplémentaire que nous lui donnâmes, il ne l'avait certes pas volée. Quand nous arrivâmes à la *fazenda*, l'orage se faisait plus proche et plus fort; nous trouvâmes Guillaume qui rentrait, porteur d'une vingtaine de *rollinhas* et d'un gros perroquet vert et rouge, tableau de sa journée. Nous ne rapportions, nous, qu'un singe.... et une moitié de *cobra* pour trois..., pour quatre..., c'était plus maigre. Mais l'importance d'une chasse, là-bas, ne se mesure pas aux pièces tuées, et la nôtre avait été vraiment à souhait, émouvante, pittoresque, pleine de nouveauté, du moins pour moi, et réellement couleur locale. A.... triomphait, ravi de m'avoir montré cela et moi de l'avoir vu.

CHAPITRE XVI

De Taquarassu à Cipo

~~~~~~

De la fazenda de Taquarassu à celle de Cipo, la distance — disait-on — n'était que de six lieues. Nous mîmes dix heures à faire cette étape, ce qui me fait penser que l'évaluation en était erronée. Toutes les fois qu'on a à voyager dans l'intérieur semblables erreurs se produisent, à cause du manque de cartes, peut-être, ou de points de comparaisons aussi, et surtout parce que les pistes sont instables. Suivant les saisons, les gens ou leur caprice, les kilomètres grandissent démesurément. Je sais bien que cette fois c'était un peu à prévoir, ayant à passer par des chemins d'une difficulté très grande des chemins... c'est une manière de parler, car nous avons erré une bonne partie de la journée à travers d'immenses espaces incultes, sur de hauts plateaux nus et éventés où nulle trace ne paraissait, et pour en descendre, nous faillîmes nous rompre le cou à chaque pas. Enfin, pour comble de malchance, quand vint la nuit il nous fallut traverser un *matto* où mille sentiers s'entrecroisaient et où nous avons, pendant plus de deux heures, tourné en rond.

Le jeune T. de V.... s'était fait fort de nous mener rapidement à bon port. Après avoir embrassé ses parents comme s'il partait pour Tombouctou... ou même Paris — ce qui n'est guère moins loin de Taquarassu — il chaussa ses bottes, enfourcha sur sa selle ornementée d'argent sa meilleure mule, et l'ayant cinglée d'un large coup de *chicote*, les éperons au poil, le chapeau en bataille, le parapluie de coton bleu en travers du troussequin, il nous précéda à vive allure, joyeusement, dans la boue rouge des pistes, vers le nord-ouest.

Nous allâmes ainsi jusque vers le milieu du jour, à sa suite. Puis quand vint midi nous nous arrêtâmes sur le sommet d'un haut plateau inculte, dénudé, où seule une herbe rare et frêle frisonnait au vent venu des mystérieux lointains. Un court et frugal repas tiré des sacoches de nos selles, arrosé par l'eau merveilleusement limpide d'une source qui sortait là du roc : et pendant que nous déjeunions ainsi sur le pouce, assis en rond par terre, comme de vrais nomades, nous eûmes devant les yeux un paysage inoubliablement beau.

Aussi loin que pouvait porter la vue, ou les jumelles, tout alentour du terre-plein où nous étions, rien que monts étagés, serras dentelées hardiment, pics bleus de lointain ou nettement découpés, chaînes après chaînes jusqu'aux confins du grand inconnu de l'Ouest... C'était toute une mer immense dont les vagues portaient des forêts et des plaines, où tranchait la barre sombre des ravins, ou bleuissait la lame courbe des *corregos* d'acier sous le soleil, où des lacs sans noms, petits et grands, géométriques ou effilochés, faisaient d'ardentes taches de lumière. Des fumées y traînaient. Des brumes ou des présences humaines ? Qui sait ? C'était si petit, si perdu, si loin, et nous étions si haut dans l'impassible azur !...

Près de nous, toute proche, semblait-il, malgré nos trois étapes précédentes, la Piedade nous jouxtait à la toucher presque ; et l'on voyait, débarrassé de son rideau de brouillard, découronné de sa mystérieuse brume obscure, le couvent de Nossa Senhora étincelant d'une improbable blancheur, étrangement invraisemblable à qui l'avait vu de tout près.

Après cela vint l'effroyable descente sur l'autre versant : casse-cou terrible sans rien pour guider que l'instinct des bêtes et des gens et le désir intense de ne pas se tuer au hasard d'une chute probable.

Muets, en file, derrière A.... devant l'autorité duquel tous s'étaient inclinés, se dérobant aux responsabilités, comme devant le vrai chef, tous, gens d'armes et gens du pays, voyageurs et *sertanejos*, blancs et noirs. Il avait pris la tête et le commandement en cette heure périlleuse, d'un accord tacite, et nous le suivant, on descendit.

Les pierres roulaient jusque dans les fonds par bonds bruyants, les animaux glissaient, on se raccrochait à ce que l'on pouvait, à pied plus souvent qu'en selle, avec le petit frisson de vertige à chaque lacet, l'instinctif recul aux trous insoupçonnés qui s'ouvraient. Malgré l'air vif et le vent du loin dont le large souffle faisait clapoter nos vêtements comme des voiles, nous étions en eau, et douloureusement nos pieds las traînaient aux dalles de minerai le bruit guerrier de nos vastes éperons.

Les derniers heurtaient les premiers aux bords mêmes des faillés, qui les arrêtaient brusquement. Des reculs dangereux se faisaient en silence, et des tête-à-queue décevants quand, vraiment, il n'y avait pas moyen de progresser, rejetaient à chaque instant sur les hauteurs le disloquement de notre pauvre Bandeira... Nous, au moins, nous savions ce qui nous attendait au bout de l'étape, gîte, couvert et table mise, hôtes prévoyants et cordiale hospitalité. Mais la route en ces monts devait avoir été moins clémente à nos devanciers les Bandeirantes, qui s'enfonçaient si intrépidement dans l'inconnu. Leurs errements ne se corrigeaient pas aussi facilement que les nôtres, leurs haltes et leurs étapes n'avaient pas la sécurité et le bien-être de nos arrivées. On reste toujours confondu devant leur audace et leur ténacité, car le chemin même pour nous fut rude, et je sais bien des gens qui n'auraient pas voulu s'y risquer.

Heureusement nous étions au pied du mont quand la nuit tomba, après la chute du soleil, tout flamboyant devant nous.

Ce fut presque de suite une nuit d'astres blancs et de lointains pâles, faite de parfums errants et de brise tiédie, une admirable nuit brésilienne telle qu'on n'eût pu la bien dire qu'en vers, tant elle était irréelle, douce et belle... comme une nuit de rêve! Et dans cet enchantement, sans mots qui n'auraient rien dit, sans bruit de voix pour le rompre, craignant tous, instinctement sans doute, d'en profaner le profond recueillement, nous allâmes, des heures durant, vers la fazenda de Cipo.

Je n'oublierai jamais l'extraordinaire impression de notre arrivée à cette plantation. Il était près de neuf heures du soir; affamés, très las, nous désespérions un peu déjà de nous débrouiller de l'infernal grimoire des sentes et des pistes, du trompeur et miroitant mirage des lointains tous pareils sous la lune, quand soudain le jeune T. de V..., qui se trouvait par hasard redevenu le premier de la colonne, s'écria :

— *E' aqui!* — C'est ici !...

Rien pourtant ne pouvait faire prévoir que nous abordions un lieu habité. Les fourrés étaient aussi sombres et profonds, les *campos* aussi déserts, immensément étendus et bleus de nuit. Les *coqueiros* s'enlevaient aussi bien ici que là-bas, ou plus loin, en silhouettes minces, à contre-lune, et le même bruit sourd, mystérieux comme la basse du grand chant nocturne, venait des sources cachées, des raines dans les marais, du vent dans les palmes, plus forts séparément, mais comme orchestré par les milles voix imprécises qui rôdent dans le noir...

Brusquement, comme évoquée par la voix du jeune homme, une grande carcasse de bâtiment ruiné surgit devant nous, coupant notre voie, puis, ce furent dans des boqueteaux pleins d'ébrouements, d'ailes éveillées, d'autres murs sans toits, d'autres squelettes de maisons, de hangars, d'étables, au-dessus de la plus basse ossature des clôtures éventrées. Les pas de nos mules sur le dallage d'un porche veuf de sa voûte, et nous sommes dans la cour endormie.

Le silence est complet, solennel, introublable, semble-t-il. Quel est donc cet étrange endroit, où avant même la nuit, le son de nos voix ne trouve pas d'échos, où nul chien n'aboie, nul coq ne chante, où nulle lampe ne luit, d'où toute présence semble bannie?

Nous sommes-nous trompés? Cette fazenda est-elle depuis peu abandonnée à son tour? Nous va-t-il falloir reprendre peut-être, en sens inverse, notre épuisante marche?

Non. João de T. V.... redit affirmatif:

— *E' aqui! E' Çipo!* — C'est bien là, nous sommes à Çipo! Alors A... de héler d'une voix forte, tandis que mon beau-frère propose de tirer des coups de revolver en l'air, pour réveiller les gens...

Sans raison apparente, tout change subitement. Le décor « Belle-au-bois-dormant » s'anime. Des portes s'ouvrent, jetant des traînées de lumière jusqu'au nez de nos mules renaclantes, des gens paraissent nombreux, bruyants : des voix amicales souhaitent la bienvenue et disent l'inquiétude causée par notre retard ; des voix heureuses de notre arrivée avec des rires de femmes et des cris d'enfants : le bruit de joyeuses bousculades sous la vérandah sonore, et toute la maisonnée, toute la famille d'ici, d'un seul coup éveillée, semble-t-il, nombreuse et tapageuse, nous accueille en amis !

Les propriétaires de Cipo.

La fazenda de Cipo.

Le domaine minier de Cipo.

Char à bœufs.

CHAPITRE XVII

Cipo

~~~~~~

Quand les premiers moments d'émotion joyeuse et de gai désordre furent passés, et un peu apaisé, à l'instant des présentations, l'amical brouhaha de l'arrivée, dans la vaste salle où nous étions assis, attendant, devant des gobelets de *caninha*, que le repas, improvisé à la hâte pour nous, fût prêt, je me mis à considérer les présents. J'aurais désiré comprendre de suite quelque chose dans la petite foule qui bruissait là, et y distinguer nos hôtes. Ce fut en vain pour l'instant. Jeunes et vieux, hommes mûrs et bambins, jeunes femmes et jeunes filles, babys aussi et vieilles dames aux cheveux blanchis, il y avait là représenté tous les âges, toutes les conditions sans doute, malgré l'assez uniforme simplicité des manières, des fonctions et des costumes.

Quels étaient, par rapport les uns aux autres, tous ceux-là? je ne pouvais le démêler malgré mes efforts, et pourtant mon habitude de la chose déjà... J'en restais un peu déçu.

Puis cela se débrouilla peu à peu. Près de la mère, de l'aïeule, maîtresse de maison, ordonnante et obéie, sur sa haute chaise de bois dans l'angle, sous la lampe d'huile de palmes, se tenaient ses fils — trois hommes dont les âges tournaient autour de la cinquantaine, et dont le plus âgé, semblait-il, portait le costume ecclésiastique. Ceux-là étaient facilement reconnaissables, ils nous avaient chaudement accueillis — à présent ils nous recevaient.

Mais pour ce qui était de l'élément féminin, instable, bruisseur, actif, fait de formes blanches, rapides, dans la demi-pénombre, qui passaient et repassaient, tout à notre installation, c'était plus difficile. D'ailleurs, durant tout mon séjour ici, je devais faire, au grand amusement des intéressées, d'incessantes confusions.

La salle, pour l'heure, était aussi passagère qu'une place publique, depuis les fenêtres garnies de têtes curieuses, noires et blanches, jusqu'aux bancs du fond contre les murs crépis, où de tout-petits craintifs s'accrochaient désespérément, méfiants et médusés, aux jupes les plus proches ; c'était un monde en miniature.

Des hommes aux grands éperons tintinabulants, le couteau à la ceinture, apportaient sur leurs feutres enfoncés jusqu'aux yeux, les harnachements de nos mules dessellées.

D'autres, tête nue et crêpelée, à petits pas courts et glisseurs nous amenaient nos armes et nos manteaux, et tout ce que nous pendions d'accessoires étranges à nos troussequins, et sans mot dire, avec des attitudes patientes. attendaient qu'on leur eût indiqué le lieu où déposer les précieuses choses dont ils s'étaient d'eux-mêmes chargés. Tous de nous inspecter avidement sous des apparences de feinte indifférence. Des servantes passèrent bientôt avec des plats fumants de riz et de *feijoes*, d'autres, plus ou moins noires, coiffées de mouchoirs clairs ou de la seule prodigieuse épaisseur de leurs beaux cheveux en bandeaux, avec d'éclatants sourires et des hanches houleuses, portaient, comme des canéphores, des paniers d'oranges, de mangues et de bananes, ou de grandes jarres poreuses pleines d'eau fraîche, sentant encore la nuit des jardins de verdure. On voyait circuler par la vérandah, se découpant harmonieusement sur le ciel pâle, des jeunes femmes avec des draps pliés sur les bras, et qui se blanchissaient étrangement sous la lune; d'autres, dans les pièces voisines aux portes entr'ouvertes sur leur intimité. extrayaient des couvertures de grands coffres aux senteurs aromatiques. Des petites filles, la chevelure épaisse, coupée en page moyen-âge, ras la nuque, ou la grosse natte bien sagement tirée sur les épaules, se jetaient joyeusement à la tête, dans un continuel fou-rire, les oreillers et les coussins de nos futurs lits. Notre venue faisait vraiment événement. Tout le monde, dans la mesure de son possible, ou de sa fonction, voulait contribuer à notre installation. On s'en faisait fête comme d'une chose rare et prodigieusement amusante, bien faite pour rompre avantageusement la monotonie coutumière, sans doute, de jours trop semblables aux autres, dans leur succession quotidienne.

Le repas servi dans de grands plats d'argent avec de beaux vieux couverts armoriés, de même métal, fut vite pris, tout végétarien ce soir, car on ne nous attendait pas à cette date et à cette heure. Après les douceurs d'un réconfortant *cafézinho*, nous fûmes à nos chambres.

— Les cuisinières vous ont préparé vos lits — fit avec un beau sourire, une jeune femme mince et souple, et dont les yeux brillaient de malice. A la façon dont A.... répondit à cette phrase, chapeau bas, comme à Versailles, je compris que nos hôtesses elles-mêmes étaient ces cuisinières-chambrières, et qu'elles en tiraient quelque vanité... aimable.

Il fallut retraverser la vaste cour par où nous étions arrivés, toute bleue dans la nuit claire, avec ses hauts ricins émergeant de la glaise violette, ses orties et ses herbes coupantes où les pas journaliers avaient tracé d'étroits et sinueux sentiers, battus, polis et brillants, comme métallisés. Au fond s'élevait un vieux bâtiment, première demeure des *fazendeiros*, sans doute, aux temps coloniaux dont elle avait bien le style et l'aspect. Un long toit descendu très bas sur des murs de terre rouge, un attique mi-

vérandah, mi-cloître de bois équarri, quelques marches branlantes et sonores où l'herbe verdissait les joints, telle elle nous parut, avec ses fenêtres sans vitres aux volets pleins et ses tuiles moussues où coulait limpidement l'admirable clair de lune.

Des sept ou huit pièces non meublées qui la composaient, deux seulement contenaient nos lits jumellés. Dans celle de droite, A.... et le *capitão* devaient coucher ; dans celle de gauche, séparée de la la première par une sorte de hall bas et rectangulaire sentant le vieux bois, le moisi et les rats, nous nous installâmes, Guillaume et moi. On nous avait réservé les deux lits de camp déchargés des mules et garnis de beaux draps blancs et frais, fleurant bon les herbes séchées et les racines odorantes.

Comme nous allions nous déshabiller tous les deux devant nos cantines ouvertes, vite débottés et silencieux de lassitude, A...., un peu embarrassé, survient en manches de chemise, pour nous expliquer ceci : le bâtiment où nous étions était bien la primitive demeure des *fazendeiros* aux temps passés. Cette chambre-là, nôtre — était leur chambre. On y était né, on y avait vécu — on y était mort. Elle avait été pendant longtemps la chambre des vieux de la famille... son dernier habitant y était décédé, il y avait une dizaine d'années... et depuis... C'était un homme dur à lui-même et aux autres, grand chasseur, grand chevaucheur, grand coureur de folles aventures dangereuses dans le *sertão* et le *matto*. Le lieu avait mauvais renom à la fazenda... de nuit surtout. Enfin — voilà : on disait que l'ombre du grand chasseur y revenait !... Cela nous était-il égal ? Autrement... on pourrait nous loger ailleurs... C'était très facile...

Nous protestâmes. A l'un comme à l'autre, les revenants étaient assez indifférents : nous lui souhaitâmes une bonne nuit, à lui, dans sa chambre non hantée, et il s'en fut, rassuré sur nos états d'esprit.

Cependant, avant que l'unique chandelle ne fût soufflée, près des allumettes bien à portée de la main au chevet du lit, nous mîmes chacun notre browning... en vue.

Alors, très haut, pour que nul n'en ignorât, par les fenêtres laissées ouvertes au vent frais de la nuit, je dis en regarnissant mon revolver :

— Ceci est pour le mauvais plaisant, mort ou vif, qui aurait l'intention de nous empêcher de dormir tranquilles.

— « Vous devriez dire cela en portugais, fit ironiquement Guillaume en se glissant voluptueusement entre ses draps... Cela dépassait mes moyens d'alors.

Mais il faut croire que le geste bien décidé et le petit bruit sec et significatif du chargeur dans son logement durent faire réfléchir nos revenants, car nous ne dormîmes jamais mieux l'un et l'autre que dans la maison hantée... *a casa assombrada !*....

Un moment après que la nuit se fut faite dans la pièce, il me sembla bien entendre comme des pas étouffés, dehors, sur la vérandah, ou dans le verger, ou ailleurs..., des pas qui rôdaient. Mais peut-être n'étaient-ce que les habituels bruits familiers de la nuit, *gambas* ou fouines sous la pente du toit, *curujas* ou hulottes en chasse de rats, *baratas* regagnant sur le vieux plancher, au trot sec de leurs six pattes, le premier trou venu ?... Tout simplement aussi, cela pouvait être le bruit sourd de marche que l'on entend inévitablement lorsqu'on écoute avec trop d'attention ?

. . . .

— *Bom dia! meus Senhores!...* Le *capitão* pousse la porte sans verrou ni loquet, et, la serviette en main, la face humide encore du baquet d'eau où elle avait plongé, nous visite avec un peu de curiosité. Il est déjà tout botté, éperonné, son arsenal à la ceinture, et fait du bruit comme dix dans l'embrasure de la porte-fenêtre, où le soleil commence à brûler toutes choses.

A.... le suit peu après avec son éternelle et joyeuse bonne humeur.

— Hâtez-vous, nous dit-il, — il est sept heures et quart déjà et l'on est venu me prévenir que la messe était à huit heures.

— La messe ?

— Oui, nous sommes dimanche aujourd'hui.

A vivre ainsi, toujours en route, nous l'avions

oublié. Quoi qu'il en fût, nous ne nous attardâmes pas trop à notre toilette et, trois quarts d'heure après, aussi élégants que nous le permettaient nos bagages, nous traversions la grande cour où la chaleur brasillait, pour aller vers le logis en quoi nous avions dîné la veille.

Un gai bruit de foule emplissait l'air. Blancs et noirs, maitres et serviteurs, devisaient amicalement en attendant l'office. Une grande, belle jeune fille, une de nos jolies « cuisinières » d'hier, nous présenta, sur un plateau d'argent aux armes encore bien apparentes malgré son âge et son usage, du café servi dans des tasses délicieusement Restauration de forme et d'aspect, blanches à fond et filet d'or, contemporaines de la Proclamation de l'Indépendance. Sa petite sœur, une enfant de sept à huit ans, aux yeux immenses dans une pâle petite figure mutine et fine, tenait un seau d'argent aussi, plein d'un sucre très blanc, raffiné à la maison. Nous prîmes ce café debout, vivement, suivant la coutume : puis, à la ronde, derrière A.... et copiant ses façons, nous serrâmes des mains et puis des mains. Sur le toit, une cloche au son grêle et pur annonça la messe — la même, nous dit notre cousin, qui jadis appelait aux travaux des champs, aux repas ou à la prière, les esclaves de la plantation....

Avait-elle beaucoup changé de destination ? Ne sommes-nous pas tous, en effet. ici-bas.... des esclaves.... de quelque chose ?... Les réflexions sur

La maison « hantée »!

Sortie de la messe un dimanche à Cipo.

cette pente philosophique auraient pu nous mener loin.... mais nous pénétrions dans la chapelle.

C'était à l'extrémité de la vérandah, près de la grande salle de notre arrivée, un petit oratoire bleu et or, aux belles moulures en plein bois. L'autel prenait, avec ses degrés bas, presque toute la place disponible, mais à gauche une pièce s'ouvrait où les hommes. maîtres et serviteurs, vinrent s'agenouiller à même le plancher. A droite, une grille de bois comme d'un couvent de cloîtrées, séparait la chapelle de la salle à manger, et derrière, toutes les femmes de la fazenda se massaient dans un grand bruissement de missels feuilletés, de rosaires égrenés. Le chapelain était un des trois frères, fils de la maîtresse de maison, et son acolyte, un de ses nombreux petits neveux.

La messe basse fut suivie du chapelet et de la bénédiction et, pour que tous puissent bénéficier de celle-ci, le Padre s'avança, porteur du ciboire de vermeil. Ainsi, tous ceux qui, dehors, à genoux sur le dallage des marches ou dans l'herbe rêche de la cour, avaient suivi les prières du saint Sacrifice, purent incliner leurs fronts sous le geste sacré qui les bénissait.

La sortie de la messe fut ce qu'elle est un peu partout dans tout pays de catholicisme : une façon toute trouvée de se réunir, de causer, d'échanger des idées et des sentiments, de se sentir pour un instant, lié par un lien quelconque de solidarité et d'union : de se persuader aussi qu'on n'est pas toujours la bête de labeur attachée à son travail quotidien, et qu'il est d'heureuses trêves aux heures de joug, trêves bénies d'En Haut, car elles ont toutes l'obligation d'un commandement divin.

Mon beau-frère à la grande joie de tous, et de toutes surtout, photographia quelques groupes de cette sortie.

Des plantations voisines, des *fazendeiros*, leurs femmes et leurs filles étaient venus à cheval et à mule, couvrant pour cela plusieurs lieues. Ainsi, aux gros piquets où l'on attache les animaux il y en avait la valeur d'un peloton, à attendre tête basse, l'air résigné, sanglés depuis l'aube, les flancs fouettés de crins ou frissonnants à fleur de peau contre les grosses mouches ou les perfides *borrachados*. C'était la plus invraisemblable collection qu'on pût voir, de selles françaises, anglaises, portugaises, nationales, gauchos, et d'autres qui tenaient de tout cela à la fois ou en partie. Il en était d'innommables et qui paraissaient, assemblage de cuir, de peaux de bêtes, de lin et de bois poli, faire presque corps avec le dos même qui les portait à poste fixe.

Dans la salle, à présent, c'est toute une réunion de gens qui causent et discutent, entre eux, en fumant, tandis que de jeunes couples s'isolent sous les glycines de la vérandah — ménages de demain — que des guitares flonflonnent, et que des danses lentes tournent au choc rythmé des larges éperons, sous la modulation suraiguë des voix qui notent en fausset.

De ce qui fut dit et sous-entendu ce jour-là pendant cette réception, voici ce que j'ai retenu, traduit, expliqué, commenté par A.... sur le champ, en mots rapides et incisifs ou plus tard plus longuement, pendant nos autres étapes.

Les pages qui vont suivre et qui en contiendront le résumé, je les intitulerai *Os desanimados* — les désanimés — suivant l'expression si typique de A.... Elle rend fort bien, je trouve, l'état d'âme de ceux-là qui furent si puissants jadis et qui, désormais, ne vivent plus que du souvenir de la splendeur passée, sans volonté ni force d'y revenir — peut-être même sans en avoir le goût.

CHAPITRE XVIII

Os desanimados

La *fazenda*, la *serra*, le *rio*, les *saltos* s'appellent *Cipo*, qui est le nom d'une longue liane fleurie, très abondante dans la région. Je crois que c'est la plantation qui reçut la première cette florale et charmante appellation, et que, par extension, montagnes, fleuve et chutes, jusqu'alors inconnus, se dénommèrent ainsi par la suite.

Cette exploitation date de la fin du XVIIIe siècle, et est depuis restée dans la même famille. Aujourd'hui, sous le gouvernement, le *matriarchat* de leur mère, — c'est encore une bien curieuse expression de A..., — MM. F. dos S. font valoir la plantation de leurs ancêtres. Portugais de très vieille race, descendants de fidalgos et de gens ayant eu à la cour de Lisbonne, aux siècles précédents, de hautes charges, ils continuent, par une belle tradition, à ajouter à leur nom le qualificatif féal et noble : *homem d'el Rey*, homme du Roy. Par ces mots, ils indiquent bien l'inébranlable attachement des leurs

au principe monarchique. Ne se souvenant que d'une chose, c'est que leur famille fut de « la gent royale », ils gardent sans défaillance leur foi au régime de jadis, prêts, comme ceux dont ils viennent, à se dévouer à nouveau et à sacrifier comme eux, sans hésitation, sans murmure, leur situation, leur fortune et leur vie.

— Ce sont des gens simplement admirables, disait A..., qui ne semblent pas le savoir et que l'on froisserait en ayant l'air de le soupçonner, tant ils trouvent cela naturel !...

Moi je trouve qu'il a raison.... et eux aussi.

Ce fut donc au temps de dona Maria *Iera*, femme de don Pedro III de Portugal, que les premiers de cette famille vinrent en plein *matto*, sur le bord tourmenté, rocailleux et accidenté d'un large fleuve, aux pieds de sévères montagnes, « ouvrir », comme on dit ici, cette *fazenda* de *Cipo*.

Ouvrir une *fazenda*! Rien que ce mot est parfaitement typique et représente bien le travail acharné, l'ingrat et un peu decevant labeur auquel doit s'as-s'astreindre celui qui, dans une forêt vierge, doit créer une exploitation de cannes, de café ou d'élevage et faire ainsi œuvre de civilisation.

Cette terre de *Cipo* est immense : au dire de ses propriétaires, elle a trente lieues de long sur vingt-cinq de large. Pendant les trois jours où nous y sommes restés, soit pour chasser, soit pour visiter les *pastos*, les chutes ou les travaux agricoles, je l'ai traversée presque dans son entier, à cheval, et je suis resté confondu non seulement devant l'immensité du terroir, mais aussi devant les incalculables richesses improductives, parce qu'inexploitées, qu'elle renferme.

Or donc, voici, d'après les récits des trois frères, à peu près l'histoire de *Cipo*. C'est celle de bien d'autres *fazendas* de ces régions, jadis opulentes, à présent diminuées ou abandonnées, et dont, à chaque étape, nous voyions les restes lamentables.

Ce fut d'abord, aux beaux temps d'abondance et de rendement, une plantation de cannes. A mesure que les *fazendeiros* brûlaient la forêt primitive, reculant le désert vert devant les cultures, les immenses champs faisaient tache d'huile tout au long des basses pentes jusqu'aux marais du fleuve. Ceux-ci n'étant plus aussi abrités des ardeurs du soleil par l'ombre gigantesque du *matto virgem*, se desséchèrent et devinrent, sur les rives, des *pastos* excellents où s'engraissaient les *caracus* fauves, aux fanons bleus, comme le mufle, les petits chevaux turbulents et pleins de fond, les mules et les baudets. Puis vint la diffusion du café. Alors l'importance de *Cipo* s'en accrut encore. Les plants verts, aux fruits de corail et d'ambre, grimpèrent les hauteurs, alignant leurs quinconces pyramidaux jusqu'aux lointains, tandis que se bâtissaient *officinas e armazens*, usines et magasins.

Ce fut l'époque où, pour flanquer la vieille demeure des premiers défricheurs, celle où nous couchâmes, on bâtit tout autour de la vaste cour, la clôturant de toits et de murs, la suite des grands logements aux esclaves.

Car c'était aux temps où la main-d'œuvre était toute aux noirs, et où, grâce à eux, là où auraient péri de fièvres, de faim et de lassitude les blancs les plus courageux, on put faire les grandes choses du passé et préparer lentement la possibilité du Brésil actuel.

Cipo était une *fazenda* riche en esclaves. Il y en avait, paraît-il, vers 1840, près de six cents. Je le crois sans peine, étant donnée l'importance de leurs quartiers. Quand vint l'édit impérial du 13 mai 1888, ils étaient encore près de quatre cents. La loi qui, en promulguant l'abolition de l'esclavage, ruina tant de *fazendeiros* à Minas, ne les avait pas trouvés préparés, comme à São Paulo, à ce changement radical.

D'ailleurs pouvaient-ils l'être, même si, plus prévoyants, ils l'eussent voulu? Ceci est encore matière à discussion. L'éloignement de la côte, l'isolement dans des contrées sans voies d'accès.... séparées par des milles et des milles de tout centre important, entourées de montagnes, encerclées de fleuves aux multiples rapides, permettraient-ils aux propriétaires l'emploi de la main-d'œuvre européenne, de l'ouvrier libre, du colon recruté par les sociétés d'émigration?

Un des propriétaires de Cipo.

Les mulets attendant les visiteurs. Cipo

Anciens logements des esclaves à Cipo.

L'école à Cipo.

CHAP. XVIII. — OS DESANIMADOS

On m'a dit, là-bas, que non. Il ne m'appartient pas de contrôler la véracité de cette assertion, ni de la discuter même. Ceci sortirait d'ailleurs du cadre de mes souvenirs. Je me borne à constater un fait indéniable.

L'heure même de la libération des noirs sonna celle de la ruine totale, immédiate, de bien des grands propriétaires fonciers, leurs maîtres. Cipo en est un exemple frappant.

Laissant là, 'subitement, le sillon inachevé, la récolte sur pied, les troupeaux aux étables ou aux pâturages, la hache dans l'arbre, abandonnant sur-le-champ tout ouvrage commencé, les noirs, esclaves hier, libres aujourd'hui, partirent, droit devant eux, sans but, sans raison, sans ressources. Comme des bêtes de somme à qui l'on ouvre la clôture.... ils s'en furent!... Combien purent même gagner les centres? Le nombre en est effroyablement restreint; des autres, on n'entendit plus parler. Il en périt par centaines, repoussés de *fazendas* en *fazendas*, où l'on ne voulait ni ne pouvait les garder à rien faire, selon leur impérieux et subit désir. Les bois se refermèrent sur ces fuyards que l'on ne devait plus revoir, et dans les ravins, sur les hauts plateaux aussi bien que dans la molle fange des marais, ils moururent par bandes, d'inanition et de lassitude, inconscients de leur triste sort, dans l'impossibilité même d'une volonté quelconque de vivre. Rien ne les y préparant, ils ne surent pas être soudain des hommes, et disparurent, ainsi que le ferait un bétail sans maîtres, n'ayant plus l'énergie et la force de redevenir sauvage !...

Et les *fazendeiros* ? Et les *fazendas* ? Là aussi on ne sut pas s'en tirer, ni s'y prendre ; et contrairement à d'autres provinces, où cette date du 13 mai marque une étape en avant vers plus de civilisation, tout ce pays *mineiro* a, ce jour-là, rétrogradé de cent cinquante ans.

Les récoltes sans ouvriers périrent sur pied. Les champs incultes virent refleurir plus forte, plus vivace, la forêt primitive. Le taillis broussailleur étouffa le *cafezal*, et lâchés dans les *campos*, tous les animaux domestiques périrent, faute de soins, décimés par les épizooties et les fauves, sous l'inclémence des saisons, la morsure des serpents et des mouches venimeuses. Rien n'est triste comme des ruines neuves. A Cipo, nous ne vîmes guère que cela : car on n'a encore rien relevé de tout ce que vingt-cinq ans de délaissement a jeté par terre. — Tous les communs si vastes, n'ayant plus d'habitants, bêtes ou gens, et dès lors non entretenus, s'effritèrent au cours des jours, pour s'effondrer lamentablement l'un après l'autre.

Alors, murés dans leur éloignement, sans forces contre la rudesse du coup qui les atteignait en pleine activité, ceux de Cipo restèrent à vivre sur place, végétant au jour le jour, insouciants de l'heure, sans courage pour aujourd'hui, sans foi pour demain, désenchantés. Ils étaient bien devenus, eux et tous ceux qui eurent pareil sort.... *os desanimados*, les désanimés !

Pourtant, les mêmes territoires immenses sont toujours aux mêmes maîtres, si ceux-ci n'ont plus le moyen matériel ou pécunier de faire valoir leurs incalculables richesses agricoles, industrielles et minières.

Dans cet espace, en effet, grand comme un de nos départements français, où l'on trouverait en abondance de l'or, de l'argent, du fer, du marbre, du kaolin, où sept cascades du rio Cipo sont une inépuisable réserve de *houille blanche*, où les pâturages pourraient contenir à l'aise des milliers de têtes de bétail, où les forêts ont des essences précieuses à ne savoir qu'en faire, on vit plus étroitement, plus sur soi que dans la plus arriérée de nos gentilhommières de province, les yeux fixés, à ne pouvoir s'en détacher, sur les temps écoulés de l'ancienne et considérable opulence !

Mais le jour où ils le pourront, nos hôtes d'ici seront les maîtres puissants d'un petit royaume qui ne demande qu'à être florissant et riche.

En attendant ces jours, que je leur souhaite de très grand cœur, ils furent pour nous plus qu'hospitaliers, amicaux et accueillants, et notre séjour chez eux comptera parmi nos meilleurs et plus reconnaissants souvenirs.

Encore une fois, je n'ai pas à juger de l'à-propos,

par ailleurs suprêmement généreux, d'un noble et beau geste de charité, tel qu'il n'en pouvait naître d'autre au cœur de la sainte femme, de l'auguste souveraine, qui le fit sciemment. Je laisse ce soin à plus autorisé que moi.

Les lignes suivantes qui parlent de ce fait historique, je me suis permis de les emprunter à un livre récemment paru et qui a fait sensation dans les deux mondes.

Nul mieux que son auteur ne pouvait traiter de cette question, et si peu que j'aie à en parler, ce sont de ses paroles mêmes que je me servirai, et c'est derrière sa haute compétence que je me retranche.

L'ouvrage que je cite, en effet, se nomme *Sous la Croix du Sud* du Prince Louis d'Orléans-Bragance, volume publié à la librairie Plon et Nourrit, en 1912.

On y lit à la page 16 et suivantes : « La troisième
« classe dont l'Empire s'aliéna la sympathie fut
« celle des grands propriétaires, lésés dans leurs
« intérêts par la suppression radicale du régime
« servile, sur lequel se basait l'exploitation de la
« plupart des fazendas de l'intérieur. Entré défini-
« tivement dans les mœurs nationales, l'esclavage
« ne pouvait plus en être extirpé qu'au prix d'un
« bouleversement économique et social des plus
« délicats à effectuer. L'exemple des États-Unis où
« le même problème à résoudre provoqua la san-

« glante guerre de Sécession, la crise la plus grave
« de leur histoire, ne tarda pas à le prouver. Aussi
« bien les premiers cabinets qui s'occupèrent de
« l'épineuse question agirent-ils avec la plus grande
« prudence. Amener graduellement l'émancipation
« des noirs sans léser plus que mesure les intérêts
« des propriétaires, tel fut le programme d'après
« lequel ils s'efforcèrent de réaliser sans heurt
« l'inévitable transformation.

« Après la suppression de la traite (1850), entre-
« prise retardée plus que favorisée par l'ingérence
« outrecuidante de l'Angleterre, une première loi
« dite « do ventre livre » décréta sous le ministère
« Rio Branco l'émancipation de tout enfant esclave
« naissant à partir de ce moment.

« En 1885, une seconde loi de libération condi-
« tionnelle affranchit les vieillards de plus de
« soixante ans. L'extinction de l'esclavage se trou-
« vait de la sorte assuré au bout d'un nombre très
« restreint d'années.

« C'était une méthode sage et sûre. L'opinion pu-
« blique cependant, entraînée par une active campa-
« gne de presse, ne tarda pas à la trouver insuffi-
« sante, considérant non sans raison, comme une
« honte pour le Brésil, le maintien à la fin du
« XIXe siècle d'une institution condamnée depuis
« longtemps par le monde civilisé ; elle réclama
« une solution plus radicale. Libéraux et conserva-
« teurs, tous ceux qui ne possédaient pas d'esclaves

« et même un certain nombre de ceux qui en étaient
« pourvus, s'enrôlèrent à l'envi dans le grand parti
« abolitionniste.

« Que valaient en face de ce magnifique élan hu-
« manitaire les intérêts de quelques planteurs et
« même ceux des noirs, mal préparés à la liberté,
« auxquels un affranchissement trop brusque pou-
« vait être fatal ?

« Le courant devenant irrésistible, ma Mère qui
« exerçait la Régence en l'absence de l'Empereur
« n'hésita plus à suivre l'impulsion de son cœur.
« Sans méconnaître la gravité de l'acte qu'elle
« accomplissait, mais mettant la charité au-dessus
« de la politique, elle signa le 13 mai 1888 la loi défi-
« nitive que le cabinet conservateur João Alfredo,
« après l'avoir fait voter par les Chambres, avait
« soumise à la sanction. D'un trait de plume, d'une
« façon qu'à certains points de vue on pourrait
« qualifier de révolutionnaire, l'esclavage se trou-
« vait à jamais aboli dans toute l'étendue du Bré-
« sil.

« Les conséquences politiques de ce grand acte ne
« tardèrent malheureusement pas à se faire sentir.
« Tandis que, loin de savoir gré à la couronne de son
« désintéressement, les partis avancés affectèrent
« de ne considérer l'abolition de l'esclavage que
« comme un premier pas vers l'avènement de la
« république, beaucoup de conservateurs, atteints
« aux sources mêmes de leur fortune, sans que la

« moindre indemnité vint les dédommager des
« pertes subies, se retournèrent contre le régime
« qui les avait expropriés. »

La dernière phrase que je cite de l'ouvrage de celui qui aurait pu être le futur Empereur du Brésil, si vraie pour tant de *fazendeiros* de l'intérieur, ne saurait pourtant s'appliquer aux T. dos S. Je ne connais pas en effet de plus fidèles serviteurs de la monarchie et rien, à aucun moment, dans leurs paroles ou leur attitude, ne ressemblait même de loin à un blâme même respectueux. Ils constataient une fois de plus, en nous le faisant constater, que leur ruine datait de la suppression de l'esclavage. Voilà tout. Mais jamais 1888 ne parut devoir même prétexter 1889 à ces loyaux, à ces *homens del Rey*. A.... s'en portait garant, et moi je le crois fermement aussi, tellement leur sympathique manière d'être et d'espérer était fraternellement pareille à notre Foi Monarchique.

Chutes du Rio à Cipo.

CHAPITRE XIX

Heures de fazenda

~~~~~~~~

Les heures à la fazenda ne ressemblent pas à celles d'ailleurs — elles ont un caractère spécial, comme tant de choses ici.

Chacune d'elles a, principalement pour un nouvel arrivé, une diversité, une couleur, un aspect surtout, bien à elle, et de l'aube jusqu'au soir elles s'égrènent paisibles, comme sur les grains d'un rosaire familial.

Cinq heures de l'après-midi ce dimanche-là. C'est vers le soir, alors que le ciel va verdir avant de s'emplir brusquement de la splendeur nocturne.

Comme nous devisions sur la vérandah, une *tropa* survint, arrivant avec les ombres des fonds boisés, derrière les défilés du côté du couchant.

Depuis un instant on entendait les sonnailles de la *madrinha*, comme un accompagnement gai aux voix des hommes poussant les bêtes sur la piste. Puis elle déboucha dans la cour à petits pas lents et paresseux, grande, grise, empanachée, la cloche de métal clair à l'encolure, et derrière elle, vagabondes comme des chèvres, aussi efflanquées qu'elles, les vingt-cinq ou trente mules du convoi, la tête basse, les oreilles ballantes, écrasées sous leur haut chargement qui tanguait. Leurs muletiers *tropeiros* au nombre d'une dizaine, les escortaient montés sur les flancs de la colonne, et derrière, fermant la marche, leur chef ou *cabo*, le fouet court au poing, sur un Andalou bai.

C'était, jeune encore, un beau type de vrai mineiro, grand, mince, pâle, élégant, avec des façons de héros de roman et des yeux sombres où brillait, tenace comme une flamme et claire comme elle, sa volonté d'être un maître dans la vie. Il s'arrêta à l'orée de la cour, en face de nous, se faisant bien voir et laissant défiler son monde ; puis d'un temps de galop, comme dans une figure de carrousel, il vint à ses hôtes, le feutre en main, hardiment et gaîment. Ses compagnons étaient des *caboclos* aux traits caractéristiques, jaunes et maigres, presque imberbes sous les foulards multicolores qu'ils portaient en serre-tête, cachant les cheveux sous les larges feutres délavés. Deux nègres à faces bestiales, poussaient à pied les mulets portant la batterie de cuisine et les provisions de bouche. Tous avaient à la ceinture, auprès du *facão* large comme un sabre, de vieux pistolets à piston, rouillés, romantiques, longs de canon et de crosse, d'aspect moins engageant encore pour celui qui s'en servirait, que pour celui — bien improbable en cette région — qu'ils auraient pu menacer. Ces cavaliers, pieds nus, éperonnés gigantesquement, l'orteil seul enfilé dans de minuscules étriers au bout de longues étrivières de corde, harcelaient d'un geste réflexe et maniaque les flancs pelés et saignants de leurs maigres montures. Ils brandissaient d'énormes *chicotes* en cuir vert, ou tournaient à bout de bras, par larges cercles, des lassos tressés dont ils cinglaient adroitement retardataires ou égarées.

Cette *tropa* ou caravane apportait des fazendas reculées de l'ouest un chargement de café à destination de la station de chemin de fer la plus proche — Santa Luzia — en l'occurrence. Elle marchait ainsi depuis quinze jours, de l'aube à neuf heures, puis après le repos et la sieste, vers trois heures ou quatre heures suivant la chaleur, elle repartait jusqu'à la nuit. Quand le hasard de la route ne la mettait pas aux environs d'une fazenda, à l'heure de la halte, elle s'arrêtait sous ces hangars couverts de sapé et de roseaux, que l'on trouve un peu partout dans la campagne brésilienne, sur le bord des pistes, à distances d'étape, et qui se nomment *ranchos*. Nous avons couché, comme le font et le firent tous les errants du *sertão*, sous ces *ranchos*, avec notre selle pour oreiller, nos manteaux pour matelas, et les nuits pures, pleines d'étoiles, de parfums et de mouches à feu, nous faisaient les plus admirables chambres qu'on puisse rêver, n'eussent été les *carrapatos* et *borrachudos!*

Une bonne heure se passa à voir seller les bêtes de somme, ranger les charges déchargées, panser les plaies, curer les pieds endoloris, retaper les ferrures clochantes, préparer sur les grilles de fer portatives la pitance du soir, auprès des grands feux clairs allumés à même la cour. C'était l'assez exacte image d'un bivouac en manœuvres : mêmes corvées d'eau et de fourrages, mêmes distributions de vivres et répartitions du service, et nous nous figurions assez bien revenant en arrière dans nos souvenirs réciproques, Guillaume et moi, revoir nos hussards et nos dragons d'hier.

Six heures et demie. Avec un aimable sourire on nous vient prévenir que — *o jantar esta pronto*.... — et que l'on pouvait se mettre à table. Dans la salle à manger qui s'ouvre sur un verger de fleurs et de fruits, tout palpitant d'ailes qui se ferment, c'est le même repas de partout, avec son éternel *leitão* fleuri sur son lit d'herbes, et les innombrables plats de farines crues ou cuites, de légumes verts ou secs, dans de grands plats d'argent ou de terre brune et mate. Une différence pourtant : on ne boit pas en mangeant ici ! chacun, le repas terminé, se lève, va au grand vase poreux et rouge où fraîchit l'eau de source et boit à sa soif, à pleins verres. C'est un peu étrange.... et gênant. Mais on s'y fait Autre chose : pour nous être agréable on nous a fait du pain ! C'est une surprise que nous devons à A.... et nous l'en remercions, lui et nos hôtes aussi, de notre mieux, avec un peu d'émotion, devant notre presque indispensable aliment français. Dire qu'il valait les flûtes parisiennes, ou même notre miche provinciale, pain de ménage ou pain de ferme.... serait exagéré. Mais telle quelle, cette sorte de brioche compacte, étirante et mal levée fut un vrai régal.

Comme nous sortions de table, on dansait déjà sous les verdures de la vérandah et dans la salle. Le *cabo* des muletiers, sa guitare sur les genoux, grattait de ces sempiternelles *modinhas* populaires, toujours aussi lentes, plaintives, romanesques, un peu fausses de ton. Mais... importe-t-il? Des enfants tournaient jusqu'aux murs des pas de *maxixe*: ils s'arrêtèrent un peu confus à notre venue. *Têm vergonha*.... — ils sont intimidés — nous disent nos hôtes. Il fallut prier beaucoup pour qu'ils recommencent. Mais, sur un signe discret d'une des jeunes filles, et comme si la chose était préparée, complotée, une entrée survient, comique au possible.

Dix petits négrillons, pieds et tête nus, vêtus de coton blanc ou de loques incolores, le premier de douze ans peut-être, les autres s'échelonnant jusque vers six ou sept ans, sur un accord plaqué à plat, paume aux cordes et au bois, firent irruption en « monôme », se tenant des mains aux épaules par rang de taille. Pendant plus d'une demi-heure, sans une minute de répit, ils cheminèrent à petits pas courts et heurtés, le pied droit avançant sur un glissé, le pied gauche cognant à contre-temps du talon et des doigts. Ils déroulèrent et enroulèrent leur chaîne ainsi, en rond, en carré, en long et en large, se croisèrent avec de petits cris rauques et barbares, en se frappant les paumes au passage. Ils dodelinèrent d'un pied sur l'autre, bien en mesure, avec des faces en sueur, des dents blanches hors du sourire rouge de la bouche essoufflée, s'accompagnant d'une sorte de murmure guttural et sauvage, tandis que les assistants et nous-mêmes, gagnés par la cadence simple et trépidante, battions des mains à l'orientale, au rythme tournoyeur de la *Batuca*.... C'était en « plus nègre » encore, si possible, un peu les danses du Sud-Oranais, les soirs de Ram'dam, quand la lune a l'air du blason de l'Islam, et que les « chacails » glapissent sur les cimes. Ça sentait l'Afrique en plein — au propre et au figuré. Je dis cela à A.... qui s'en réjouit, toujours friand des rapprochements de son pays avec ceux d'Orient. Je lui trouve souvent, du reste, cette âme sarrazine amoureuse de la couleur, de la lumière et des bruits !

Alors des couples se levèrent et exécutèrent aussi, grands et petits, les pas nationaux. Nos hôtes, garçons et filles, et le jeune T. de V.... et les *tropeiros*, ce fut bientôt un bal organisé, gai, bruyant, plein de couleur locale, de simplicité et de bonne humeur. J'admirais fort l'air « comme il faut » et de bonne manière, le tact, le savoir-vivre, qui, pas un instant, ne cessèrent de régner entre tous les présents, si différents pourtant de race, d'origine, d'éducation et de position sociale. Le peuple brésilien était décidément un peuple éminemment bien élevé.

Le « clou » de la soirée fut une danse du Sud, à la manière des *gauchos*, avec accompagnement d'éperons et de paumes heurtés, passe-pieds, jetés-battus, polka-piquée.... tango.... que sais-je, un peu de tout cela à la fois et rien de spécialement ça, que A..., pour la plus grande joie de tous, voulut bien danser à son tour, en cavalier seul. Il n'y eut que nous deux, avec notre unique boston et nos valses vieillies pour tout bagage chorégraphique, qui dûmes rester assis, en spectateurs, ne trouvant pas de partenaires qui les pratiquassent.... Et je le regrettais infiniment!...

Onze heures.

Nous sommes couchés. Dehors, du côté du camp-muletier, derrière notre logis, une infernale sarabande continue autour des grands feux de bivouac. La *caninha* circule sans doute, car des voix rauques en semblent tout humectées. On entend par instants, au-dessus de tous les bruits, rugir le formidable et fauve accent de notre *capitão*. Il a des poumons de tigre, notre excellent ami!... — *E' uma onça!*... C'est vrai!... Dans les rares accalmies, on entend frémir le feuillage nocturne dans le verger, qui rend encore plus sombre les feux de la cour : une brise lente fait battre doucement les portes sans serrures de la *casa assombrada*, les *gambas* du toit circulent craintivement, à petit bruit inquiet, désespérément une vache meugle, exaspérée du tapage.... et les coqs, trompés par la lueur rouge qui s'épand hors des brasiers dans le ciel, croyant au jour.... claironnent,... comme à l'aube !... Malgré tout cela, sur nos lits de camp, — harassés — nous nous endormons.

Sept heures du matin.

Un *cafézinho*. Puis, les mules sellées, on va tirer des bécassines au bord du *rio*. J'essaye un petit étalon gris-fer dont A.... avait envie. On le disait *bravo* ; il n'est que poulain et pas dressé. Petit, grêle, long jointé, il ne conviendra pas, mais est amusant à manœuvrer, souple comme un arabe.

Nous chassons jusqu'à onze heures près des *cachoeiras* ou cascades du Cipo. C'est une succession de trois chutes d'une dizaine de mètres, écumeuses, bruyantes, avec un gros débit d'eau, et dont une canalisation dérivée fait tourner un moulin à cannes, appartenant en propre au frère aîné de la famille T. dos S....

On tue quelques oiseaux, bécassines, poules d'eau, sarcelles, bécasses grosses comme des poules faisanes, des *rollinhas*, des *codorniz*, cailles aussi fortes que nos perdreaux gris, plus quelques éper-

viers roux mouchetés de blanc et de grandes buses fauves, *gavioes* et *gavioesinhos*.

L'ardent chasseur qu'est mon beau-frère est aux anges. Il a tué une vingtaine de pièces que Péri, le chien amené de Caethé, lui a splendidement arrêtées : il a vu deux serpents à sonnettes se terrer dans une termitière, à quelques mètres de lui, et trouvé dans le marais les larges traces d'un *sucuri* ou boa. Aussi préfère-t-il rester ici à chasser tout le jour et ne nous accompagnera-t-il pas dans notre excursion de la soirée aux cascades de *Parauna*. Le *capitão* restera avec lui. Quant à nous, A..., MM. T. dos S.... et moi, dès le repas pris, nous quittons la *fazenda*, suivis de Dyonisio, pour aller aux *saltos*.

CHAPITRE XX

Aux " Cachœiras " du Parauna

Les cascades, disait-on, étaient distantes de six lieues de la fazenda. Je suis absolument incapable de dire si cette distance, que nous mîmes la journée entière à parcourir, — aller et retour, — est réellement des soixante-douze kilomètres annoncés. Cela peut être plus ou moins, je n'en sais rien ; n'ayant pu m'habituer au cheminement étrange et irrégulier des mules, pas plus qu'aux terribles sentes où l'on voyageait, vers un horizon toujours d'une si décourageante ressemblance avec lui-même.

La route vers le Parauna dépasse en majesté, en sévérité, en déprimante tristesse, tout ce que j'avais vu jusqu'ici.

Les pistes torrentueuses, ravagées, pierreuses, ravinées, qui y mènent, coupent ou contournent un haut massif montagneux, dénudé et découpé sinistrement dans le ciel en arêtes brusques ; elles sont, la presque totalité de leur parcours, absolument impraticables à tout autre qu'aux adroites mules.

la balance hésitante. Nous cheminons côte à côte, mon cousin et moi, sur l'étroit sentier où nos mules prennent toute la place. Et devant, tout droit sous ses cheveux blancs, jeune d'idéal et de cœur, il va le nouveau « Bandeirante », rêvant tout haut son beau rêve, pareil un peu à celui des ancêtres ! Ne va-t-il pas, en effet, comme eux, découvrir, coloniser, civiliser, faire valoir à nouveau en ces lieux que la solitude avait reconquis ?...

C'est presque contre les mêmes forces aveugles qu'il aura à lutter. Ce sont les mêmes obstacles qu'il rencontrera : nature, éloignement, manque de bras, insuffisance de matériel et de numéraire. Et comme ceux de Paes Leme, il les surmontera, nous en sommes sûrs déjà, car il porte en ses yeux sombres et juvéniles la flamme qui éclaire aux jours difficiles, qui couronne aux jours du triomphe !...

Alors se passe un petit fait, banal en soi, mais portant bien, semble-t-il, sa signification profonde.

Je lui tendais machinalement mon étui à cigarettes : c'étaient les dernières qui me restaient de celles emportées avec moi, de São Paulo, du tabac turc, à l'arôme subtil, blond, avec des relents d'encens et de baumes. Machinalement, aussi lui, il en prend une, l'allume, et tout en développant sa pensée abondamment, tout haut avec une verve, un enthousiasme fort et concentré, il consume sans y penser cette petite chose civilisée, qui vient de si loin et dont jusqu'à l'odeur est si peu d'ici !... Complétant tout naturellement mon geste, en me retournant sur le troussequin de métal de ma *soccada*, j'offre le même étui et son contenu au « philosophe ». Mais celui-ci, secouant poliment et froidement la tête, refuse. Il tire aussitôt de la poche de son long veston le rouleau de *fumo nacional*, l'épi de maïs sec, et les rênes lâches, découpe avec son *facão*, hâche, pétrit, roule et flambe à son briquet de silex le *cigarro* traditionel.

... Cependant je crois voir en ses yeux tristes et pâles de regard, comme une eau dormante, un peu de défi, un peu de blâme, comme un vague reproche... Est-ce que le geste de son aîné lui semblait une trahison? Y voyait-il comme un abandon des us coutumiers... ces vieux usages qui ont tant force, et qui sont de tels liens contre les marches en avant, une telle puissance à qui veut rester sur place?...

Qui le dira?...

Peut-être aussi cela n'était-il que dans mon imagination! Il se pouvait que ces choses, j'étais le seul à les avoir devinées, ou même créées de toutes pièces?... Et cependant!... Le geste des deux frères témoignait bien de leur différente mentalité, consciente ou inconsciente. Voulu ou non voulu, avec ou sans intention de part et d'autre, il avait toute la valeur intégrale d'un symbole!

Un grand bruit nous vient, étouffé, comme partant de sous-terre, là-bas, quelque part très loin, ou très près de nous — on ne sait — comme le choc sourd d'une marée, bourdonnement indéfinissable de quelque chose d'extrêmement puissant qui se révèlerait à travers la distance. C'est la voix de la cascade.

Une demi-heure encore nous allons vers ce bruit, comme immergés en lui.

Puis nous quittons nos mules, que Dyonisio entrave dans un maigre taillis d'arbres à caoutchouc. Quelques pas encore et nous découvrons les chutes, d'en haut ! Qu'on se figure, tombant de la hauteur d'un septième, une lourde masse d'eau glauque, foncée, presque noire, et qui n'écume qu'à la base, contre des roches bleu-sombre.

Les parois de la cascade sont polies et noires, noire la végétation d'arbres bas et d'herbes cassantes, l'eau est noire aussi, semble-t-il, et la chute porte bien son nom indien : *Parauna* — les eaux noires.

Doucement, à petit pas, de crainte des glissades sans relèvement possible, nous descendons vers les chutes. Mes compagnons ont enlevé leurs grands éperons pour mieux marcher, et dégaîné leurs couteaux. Ils se laissent aller, se retenant aux branches de la main gauche, piquant en terre de la droite leur *facão* en point d'appui. Bien m'en a pris de faire comme eux, car à peu près à mi-chemin, une tige qui cède me fait terriblement accélérer ma descente : et n'eût été mon couteau de chasse planté,

Deuxième chute du Parahuna.

autour duquel à bout de bras je décris un arc de
de cercle protecteur, je m'en allais un peu trop
rapidement jusque dans l'écume bouillonneuse et
bruyante qui nous flagelle de ses embruns. En bas,
c'est assourdissant, frais, sombre, glissant, sur un
dallage pourpre et bitume, au ras du lit du fleuve.
A notre droite, cela tombe du ciel bleu-foncé avec
un élan sauvage, une ruée féroce, brutale d'une in-
commensurable force.

C'est dans cet admirable décor que nous faisons
halte, contre le torrent, et que nous « lunchons ».
Le site est si merveilleusement choisi qu'on s'y
éterniserait !

Une grotte assez spacieuse, avec sa gueule de
four, où des litières d'herbes sèches, des ossements
blanchis et des traces, petites ou larges, griffes ou
doigts, disent un repaire de fauves. Elle est vide.
Depuis quand ? Qu'importe. Nous nous y abritons
du grand soleil, et que ses habituels occupants nous
en contestent la possession, nos « brownings » leur
répondront... Mais nul être vivant ne vint nous
déranger.

On parle. J'écoute et tâche comme toujours de
saisir le sens général, sinon la signification exacte
des mots employés.

« Il y a trois cascades successives comme celle-ci,
d'égale importance, à quelques kilomètres de distance. Écoutez !... on les entend au loin. Avec celles
du Cipo cela fait sept chutes sur le terrain de la fa-

zenda. Sept splendides réserves de houille blanche, sept sources de force sans mesure appréciable pour l'instant. Sept admirables et précises raisons d'incalculables richesses!... Et c'est inexploité!!... »

Voilà ce qui ressort du ton véhément avec lequel palabre A.... le feutre en arrière, les yeux brillants d'enthousiasme, montrant d'un geste large la Force indomptée qu'il rêverait de voir capter.

— On la captera! Nous y songeons — fait le frère aîné. Mais comment? Quand? Par quoi? Par qui?

— Pressez-vous! Faites de vous-même!! Ne laissez pas les étrangers y venir qui vous supplanteront, vous déposséderont, vous écarteront même, avec cette tranquille et impudente audace de l'anglo-saxon. Ici encore, défiez-vous de l'*Illusão americana* — fait le fidèle disciple des théories d'Éduardo Prado.

— Je sais, je sais — dit l'autre...

— Mais qu'y faire? Si l'on pouvait nous aider, pourtant. Des amis, des compatriotes, d'autres latins comme nous... Le courage, la foi en soi ne sont pas tout... il faut être armé! A l'heure où nous sommes, l'arme, même des plus braves, c'est l'or!... Les *bandeiras* sont devenues des compagnies... par actions!...

Sûrement, c'est cela qu'ils disent entre eux, dans ce portugais dont je ne sais malheureusement pas assez encore pour parler, moi aussi, et dire ce que je ressens si violemment.

A.... est resté tout songeur. Il réfléchit et pèse en lui-même les raisons, pour ou contre les chances... et combine.

Le « philosophe », avec une moue ironique au coin de ses lèvres fines, fume, à petites bouffées lentes et paresseuses, son *cigarro*. Là encore il n'a pas confiance et raille silencieusement en lui-même les enthousiastes, les utopistes, les emballés, qui chargent, lance basse, les ailes des moulins imaginaires !

Son manque de foi m'agace... Et pourtant, qui, de lui ou des autres, est dans le vrai? A qui l'avenir donnera-t-il raison? Mais, qui ne tente rien... Les yeux du « philosophe » disent à présent la grande lassitude de ceux qui ont cru de toute leur âme, de toute leur jeunesse — et ne croient plus! — Et je me sens immensément triste d'avoir croisé ce regard-là si *désanimé*.

Une belle branche d'orchidée pendait au-dessus de la grotte : c'était une myriade de petites fleurs jaunes à pointillé noir et mauve, découpées comme des ailes d'insecte. On eût dit :

Un vol de papillons arrêtés dans l'extase!

suivant le beau vers de Victor Hugo.

Pour l'amour de son poète préféré que je viens de lui citer, A.... veut cueillir la branche fleurie. Alors, courtois, aimable, et gentilhomme au possible, désireux de deviner, pour les prévenir, nos moindres désirs, le « philosophe » vivement se lève, souple, agile ; en vrai *sertanejo* il gravit les roches, coupe la branche en fleur et nous la tend.

En voilà encore une que je rapporterai « chez nous » pour conserver avec ses parfums et ses couleurs, encore un souvenir palpable de Minas !...

On remonte. On reprend les mules. On repasse par les mêmes terribles sentes. Dans un éboulis de roches, en un des lacets de la piste, je vois paraître, effleurant la tranchée, une veine poreuse blanchâtre, brillante et grasse : du kaolin ! Un peu plus loin, ce sont des pépites de cuivre qui scintillent sous l'implacable soleil.

Cuivre, kaolin, houille blanche, le marbre de ce matin au bord du Cipo, le fer qui est l'ossature même de la Serra, les essences précieuses qui sont des forêts, là, à gauche, à droite, devant et derrière... et les grands espaces pour la migration du bétail ; et la *terra roxa* par laquelle nous sommes arrivés l'autre soir, terre bénie des *cafezaes* : une seule de ces choses exploitées serait une fortune !...

Nous devons tous y songer !... A.... et moi pour nos amis, et ceux-ci pour eux-mêmes. L'aîné en rêve, le cadet s'en défend, de l'obsédante idée ! Mais l'un comme l'autre, au lent cheminement des mules, y bercent leur pensée confiante ou endolorie, et le même secret espoir, sans doute, germe obscurément en eux !

Une halte à un *sitio* où l'on boit chez un chasseur

d'*onça* du café et de l'eau-de-vie de *jaboticabas*, la plus forte drogue que j'aie encore bu de ma vie.

Puis, c'est le soir qui se fait, impérial, vert et or, sur les monts embrasés. L'horizon se pavoise des couleurs nationales, vraiment symboliques de cette terre d'espérance et de richesse !...

Alors, pâles dans le ciel immensément loin, incroyablement clair, deux larges étoiles pointent subitement, l'une au-dessus de l'autre, immobiles, rondes, avec des apparences froides et saintes d'hosties !... Ce n'est pas le clignotement amical, doux et reposant de « Vesper » chez nous, quand le crépuscule rose se traîne caressant et doux aux coteaux, mais un signe nouveau, étrange, inhabituel, dans ce pays de l'effort en commun, où l'aide se donne librement, fraternellement, où pour être forts il faut être unis plus qu'ailleurs, à cause des terribles adversaires que sont les forces de la nature : l'horizon, chaque soir avant la nuit, donne cette haute leçon.

Le ciel là-haut, clair, limpide, profond, semble inscrire et commenter la parole de l'Écriture : *Væ soli*, et dans cette dualité des étoiles, d'espoir et de de confiance, marquer d'un sceau la loi d'Amour.

Ceux d'autrefois qui s'en allaient cherchant leur chemin dans les astres durent le comprendre comme nous, et je me sens plus près d'eux que jamais, ce soir, ayant un peu leur âme, sur leurs traces.

Sans rien en dire non plus que du reste de mes

réflexions, d'autres souvenirs, plus doux, plus prenants, plus personnels, me bercent au sabottement tangueur de ma mule.

. . . .

A la fazenda, Guillaume et le *capitão* nous racontent leurs exploits de la journée. Ils sont ravis l'un de l'autre sans s'être un seul instant compris; ils ont fait une bonne chasse !

CHAPITRE XXI

Jaboticatubas

Après avoir dîné ce dernier soir-là au *sitio* du frère aîné, *Cipo do Baixo*, où nous mangeâmes entre autres nouveautés de la compote de *mangabas* ou fruits de l'arbre à caoutchouc, nous entendîmes, accompagnées sur la guitare et la mandoline, des *modinhas* tristes, amoureuses et plaintives, comme toutes les romances populaires, tandis que s'amassait dans le ciel un splendide orage.

Puis, le matin de bonne heure, nous quittâmes Cipo pour de bon.

Dans la cour, tout le monde était réuni pour les adieux. Ce ne fut pas sans une certaine émotion que nous repartîmes de ces lieux où l'on avait été pour nous si accueillant, aimable et hospitalier.

Partir ! Quelle chose pénible toujours avec, malgré le but où l'on tend, sa saveur d'amertume...

Au jeune T. de V... aussi, nous dîmes au revoir : car à l'inverse de notre piste, il s'en retournait, lui, à Taquarassu et à ses solitudes, tandis que nous retournions vers la civilisation.

Beaucoup de bruit, d'agitation : des allées et venues, des retours subits et des voix qui retiennent, encore un peu, conscientes ou non. Comme toujours, les enfants ravis de l'animation inusitée, du trouble forcé, poussent des cris joyeux, les jeunes gens, les jeunes filles et la vieille dame aux cheveux blancs... *la Matriarche*, et le Padre avec sur son épaule son *arara* jaune, bleu, vert et rouge, énorme, méchant et criard. Puis on se quitte. On repasse sous le vieux porche effondré : on longe les haies vives de *taquaras*, le ruisseau où l'autre soir, au clair obscur des étoiles, nous avions vu, Guillaume et moi, une loutre ; puis les ruines des hangars... puis le *sertão* !...

Devant nous, de meilleure heure, était parti le convoi de nos bagages.

Ici je dois parler d'un usage que je trouve très beau dans sa simplicité primitive, et bien caractéristique du pays et des coutumes. Quand les gens cheminent ainsi dans le désert des *capoeiras*, où les pistes s'entrecroisent, où les sentiers inextricablement se coupent, pour obvier aux événements qui doivent fatalement arriver, les premiers qui passent jalonnent la voie. A chaque carrefour, à chaque bifurcation vaine, une branche fraîche coupée, jetée en travers, veut dire :

... Halte ! Ne passez pas par ici ! C'est la mauvaise

Les dernières chutes du Parahuna.

L'expédition repart de Cipo.

voie ! Prenez ce sentier-là que rien n'obstrue ! C'est le bon, celui qu'il faut suivre pour arriver sans encombre au premier gîte d'étape ! !...

... Et tant que la branche n'est pas fanée, les gens qui voyagent auront l'espérance d'arriver heureusement, guidés par cet anonyme et fraternel avis de leurs devanciers sur le chemin !... C'est, comme on voit, un usage très saisissant, très symbolique, et, en plus de cela, fort commode ! Or dès notre sortie de la fazenda nous trouvâmes de ces rameaux verdoyants déposés à notre intention par les *tropeiros* et Zé Antonio le noir.

Quand nous fûmes à la limite du territoire de Cipo... près de trois heures de marche après notre départ, nous nous arrêtâmes derrière la dernière *porteira* pour nous séparer — enfin, malheureusement — du « philosophe. »

Il avait tenu à nous escorter jusqu'au bout, et sombre, taciturne, le chapeau sur les yeux, le *cigarro* éteint aux dents, il cheminait devant nous depuis la fazenda, sans mot dire.

C'était impressionnant, un peu étrange aussi, et hors des façons coutumières, cette escorte muette de cet homme si triste, qui ne trouvait plus rien à dire, se débattant contre son véritable émoi, à chaque pas grandissant. Il y avait là quelque chose de plus tragique qu'une douleur exprimée, de plus vrai, de plus profond, de plus senti. Sans l'avoir cherché, certes, car nul n'était moins « cabotin »

que lui, il était arrivé à produire, par ce manque
« d'effet » même, le maximum d'émotion... Quand
tout le monde eut mis pied à terre, et tandis qu'on
ressanglait chacun sa mule, il s'approcha de A....
et de sa voix basse, voilée, lente, où les mots traînaient davantage encore que dans le plus traînant
des accents *mineiros* il lui fit ses adieux...

... L'étreinte de rigueur : des bouts de phrases
hâchées à cause des termes étrangers dont chacun
n'a pas bien l'usage, et puis parce qu'on est ému
aussi... C'est tout. Chacun s'en retourne vers sa vie
habituelle !

Si courte qu'avait été notre connaissance, elle
avait été si cordiale. Et l'on sentait que ce qui nous
avait poussés de part et d'autre, à mieux nous connaître, n'avait rien de conventionnel, ni d'intéressé,
mais bien un sentiment simple et sûr — sincère...
chose si rare !! Je me redisais cela en moi-même,
tout en suivant les autres, repartis sur la piste grasse,
glissante à cause de la pluie de la nuit et des fonds
herbeux qu'elle sillonnait. Nous descendions de
plus en plus les pentes d'un autre bassin dont on
voyait les eaux vives converger là-bas, vers une
large vallée confuse encore dans le brouillard chaud
qui en montait, vapeur brillante et brasillante. Et
songeant au « philosophe », je me retournai vers le
point où nous l'avions quitté. Alors voilà que sur la
crête, là-haut, là-bas, si loin déjà, contre la *porteira*
brune, je le vis qui suivait notre marche des yeux,

immobile fixement, sans pouvoir ni vouloir détacher ses regards de ceux qui partaient... tandis que lui... restait ! Je n'en dis rien à mes compagnons, voulant garder pour moi seul la petite douceur émue de cette découverte; mais enlevant mon chapeau, je le secouai à bout de bras plusieurs fois, vers le guetteur triste laissé derrière nous sur la déserte côte... Vit-il ?... ou ne voulut-il pas voir ? Ni paraître comprendre ? Je ne sais ! d'ailleurs à quoi bon ?... Il ne bougea pas, et rien ne répondit à ce nouvel et lointain, à cet ultime adieu, superlatif, après les derniers adieux faits !... Mais longtemps... très longtemps... plus d'une heure encore, moi qui fermais la marche, je vis sur la crête se détacher, blanche et nette sur le fond vert-sombre des hautes frondaisons, l'élégante et mince silhouette de notre ami... le « philosophe »... *desanimado !* . . . . .

. . . .

Vers midi nous rencontrons sous un *rancho* où elle bivouaque, la *tropa* que nous avions vu venir à Cipo. Leur *cabo* nous fit fête. Il donne des ordres et ses hommes s'empressent. Vite on s'empare de nos mules pour les abreuver au gué voisin. On leur fait ensuite l'agréable surprise d'une poignée de maïs concassé. Débridées, la sangle lâchée, elles secouent de joie leurs longues oreilles sur leur frugal repas : et leurs dents, jaunes tartreuses et déchaussées, broient le bon grain nourricier avec un ronronnement de petites meules. Quant à nous, assis sur les sacs de café vert fleurant bon, la cigarette aux lèvres, veste et chapeau bas, nous savourons un exquis *cafézinho* que l'on sert dans des moitiés de calebasses, en guise de tasses. C'est sale, mais original : et nous sommes ravis !

Guillaume photographie le tableau, bien couleur locale, du camp muletier sous le *rancho*, puis après de chaudes poignées de mains échangées avec tous les *tropeiros* jusqu'au dernier, jusqu'au plus noir, — le préjugé de couleur, n'existant même pas au Brésil — escortés par leurs souhaits affectueux de *boa viajem*, et leurs gros rires amicaux, primitifs et glousseurs, nous nous renfonçons dans le *sertão*...

.... A deux heures, halte à la fazenda de *Capão Grosso* dont les maîtres sont absents. On nous y reçoit, comme s'ils y étaient ! Ablutions dans leurs chambres, *almoço* dans leur salle, avec du fromage, du lait, des fruits, du café, de la *caninha*, et les plus grosses, les plus sucrées, les plus juteuses oranges que j'aie encore mangées au Brésil ou en Afrique... Mais peut-être avais-je plus spécialement soif et chaud ce jour-là ?...

Quand nous fûmes bien remis, bien lestés du bon déjeuner champêtre, nous cornâmes nos cartes, et tout comme pour une visite en la plus civilisée des capitales, nous les laissâmes sur la table de la salle à manger, au bon soin des noirs intrigués, et à destination de leurs patrons. J'imagine assez la surprise de ceux-ci, quand on leur aura remis nos trois cartes, avec nos noms de si loin, dont deux tout au moins leur étaient plus que totalement inconnus et étrangers.

Après quelques heures de marche dans le haut du massif montagneux et la traversée de nombreuses agglomérations de cases en ruines et vides d'habitants, d'anciennes exploitations agricoles abandonnées, nous fîmes soudain la rencontre d'un être hideux et repoussant.

C'était un nain, sans âge appréciable, mi-nu, jaune et crasseux, traînant dans la boue rouge, à travers les épines du chemin, des jambes tordues, couvertes de plaies vives ou croûteuses. Un rire de brute ouvrait sa bouche édentée au-dessus d'un effroyable goitre qui se balançait à son cou, poche oblongue et tendue, à chacun de ses pas...

Cette apparition tenait du cauchemar, et nous ne pûmes retenir une exclamation d'horreur quand apparut ce malheureux à un détour du sentier vert qui serpentait à travers une brousse de bananiers et que vint se butter à nos mules, presque inconscient de la chose, cet avorton, ce goitreux répugnant... et sans doute ce lépreux!...

Cette affection n'est, paraît-il, pas rare en cette région très écartée, très boisée, très insalubre et fiévreuse, où l'eau, qui descend des hautes vallées à travers la pourriture millénaire des fonds vierges, est à peine potable. Mais la misère surtout, morale et physique, est la cause de ce mal, aussi bien que l'abâtardissement de cette population errante, à moitié sauvage encore, croisement de blancs anémiés, d'indiens dégénérés et d'anciens esclaves fugitifs, métis ayant toutes les tares de toutes leurs disparates origines, mauvaises!...

« C'est une toute autre région que Cipo ici — dit A..., et l'on s'en croirait immensément loin, n'était le compte exact, approximativement, des lieues de pays! Les crétins et les lépreux y sont fréquents, et aussi les goitreux. Vous en voyez un exemple typique et bien réussi. On attribue cette maladie du goitre à un petit insecte noir du genre « perce-oreille » qui se loge dans les fentes des vieux murs, et que l'on appelle *o barbeiro* — le barbier — à cause de la place où il pique ses victimes pour y loger ses œufs... C'est au cou qu'il opère sa plaie, près de la veine jugulaire : en peu de temps une poche se forme qui grandit jusqu'à ces proportions-là ». A... désigne du doigt le monstre qui nous inspecte béatement en se dandinant comme un singe sur ses longs orteils.

— Nul ne peut se targuer de ne pas être atteint par lui — fait notre cousin avec un peu de taquinerie faussement grave, — et il a, dit-on, une prédilection pour la chair des blancs et principalement des étrangers!

....Nous ne trouvons pas cette réflexion très, très drôle — ce qui le fait jubiler! — Mais, même en plaisantant, ce n'est pas fait pour nous donner le goût d'un couchage nocturne dans une de ces nombreuses ruines qui jalonnent notre route. Plutôt cent fois le *matto* avec ses millions de *carrapatos*, qu'un toit avec un seul *barbeiro* en perspective. — On dit pourtant que cette vilaine bête ne sort de son trou qu'à la faveur des ténèbres : aussi, nous nous promettons bien d'avoir toujours désormais de la lumière à notre chevet, feu, ou torche, ou lampe, que sais-je... et s'il le faut, de veiller même, et par factions successives, sur ce feu sacré! Cette décision amuse beaucoup A.. ravi du succès de son « histoire à faire peur »! Cependant le *capitão* a barré de son *chicote* la route au crétin grommelant. Il veut à toute force que Guillaume le photographie. Mais ce déchet d'humanité nous produit une telle horreur répulsive, que nous nous y refusons. Qu'on le lâche, qu'on le laisse aller... qu'il disparaisse! Alors on le libère de la contrainte qui le faisait rester là, et peureux comme une bête traquée, blême, tout en sueur, avec des cris rauques expectorés de sa bouche où l'écume mousse. — A peine lui a-t-on fait place qu'il détale d'un trot boiteux sur ses jambes sanieuses et torses, amblant comme un loup, le long du sentier qui descend... où il se perd bientôt.

Seul, le *Capitão* a ri de cette fuite. Nous, cette rencontre nous a fait mal, et je suis resté longtemps à m'en remettre. Par la suite j'ai regretté la photographie de ce paria : mais sur le moment ce lépreux m'horrifiait plus encore qu'il ne m'apitoyait. . .

. . . .

Un peu avant minuit, nous arrivons à Jaboticatubas, notre étape du jour.

C'est une agglomération d'une centaine de maisons habitées ou non : embryon de ce qui aurait pu être... de ce qui aurait été, sans nul doute, une ville jadis si... Tant de choses impossibles à prévoir, à préciser, à comprendre même, font que ce qui devait arriver reste en route !... Villes et gens n'ont pas toujours le destin qu'on leur prête, qu'on rêve pour eux. Sait-on seulement par quelles causes infimes, souvent ?... Jaboticatubas est une petite bourgade dont déjà la périphérie se ruine, reprise par les ronces du *matto*. Et pourtant ce minuscule *arraial* ne manque pas de noms : en plus de Jaboticatubas, qui est sa désignation *guarani*, ou indo-portugaise, il s'appelle aussi *Ribeiro das Palmeiras* du nom de son cours d'eau, ou encore *Villa Nova de Santa Luzia*.

A peine arrivés par l'*Avenida Central* sur le *Largo de Matriz*, nous descendons à l'hôtel, pour la première fois depuis notre départ de Bello Horizonte. L'hôtel ! C'est peut-être un peu prétentieux comme dénomination, appliquée à la grande bâtisse peinte en rouge vif, épicerie, boutique de comestibles, débit de vin et de café, « entrepôt général » de tout ce qui se vend, s'achète ou s'échange dans ces fonds reculés de l'ouest *mineiro*.

Le patron, un Portugais apoplectique et gigantesque, nous reçoit les bras ouverts, tout secoué

La route de Cipo.

d'émotion joyeuse, de satisfaction et d'asthme. Il est le père de l'une de nos petites amies de Cipo, de Dona Joaquina, une des gentilles chanteuses, danseuses et joueuses de guitare, qui nous ont fait paraître si brèves les quelques veillées de la fazenda. Intrépidement, cette bonne cavalière, seule avec un *camarada* noir, a franchi rapidement devant nous, hier, par marche forcée, les quelques douze lieues de la piste, et nous a fait préparer chez son père chambres et table, ainsi que le logement pour nos gens et nos mules. Elle n'a voulu laisser à personne d'autre le soin de tout bien arranger, et n'a perdu son temps, ni en route par les mauvaises sentes de la montagne, ni chez elle au débotté. Des indiscrétions d'écurie nous ont appris plus tard que son cheval *pampa*, café au lait et café grillé, se remettrait difficilement de ce raid sévère.

On nous a donné les pièces habitées en général par la famille elle-même, qui se tassera ailleurs pour cette nuit, car il n'y en a pas d'autres. En effet, les gens qui passent ici d'habitude, ne logent ordinairement que dans les *ranchos* attenant à la *casa*, ou près de leurs bêtes, dans la cour elle-même, contre leurs chargements. Ce sont des *tropeiros* commissionnaires, marchands de denrées locales ou civilisées, tous gens frustes et sans grands besoins, pour qui le confort est un mythe. Des voyageurs de notre sorte sont fabuleusement rares : quand l'aubaine en arrive, on dérange tout pour eux, ainsi que pour de grands personnages. Mais l'étiquette est absente, remplacée très heureusement par la plus simple et la plus complète des hospitalités amicales.

Nous visitons la *cidade*... Deux ou trois rues, un pavé frère de celui de Sabarà, ou pire si possible, une place devant l'église, où les quinconces de palmiers impériaux et de *paineiras* sont reliés par de longues lianes fleuries ; de merveilleuses orchidées y pendent, roses, mauves, soufre, blanches au cœur chair : c'est délicieux !

Ceci, nous apprend le *Capitão*, est une création de notre charmante hôtesse. Quand nous lui en faisons compliment, le soir au dîner, elle s'en réjouit simplement et sans pose, heureuse de la réussite de sa jolie idée fleurie.

La mule de A.... est arrivée le dos à vif, elle ne pourra demain reporter sa selle. On en achète une autre, moins élégante, mais robuste et trapue qui finira les dernières étapes. C'est le patron de l'hôtel qui se charge, pour nous, de cette transaction. Cet homme influent fait tout ici. Non seulement sa *venda* fournit le tout Jaboticatubas de *seccos e molhados*, et son *botequim* d'alcools et de vins portugais et italiens, en flasques, en cruchons, en bonbonnes, en outres, mais il est aussi commissionnaire en café, sucre, coton et caoutchouc, ferrailles, instruments de culture et de charpentage, armes et

Une fazenda.

Un « Cafezal ».

munitions. C'est le « roi du trust » d'ici !... En plus de cela, c'est le chef de la *comarca* c'est-à-dire plus qu'un maire, et moins qu'un préfet de ville. C'est un personnage, enfin, le personnage de Jaboticatubas !

— *Boa noite, meus senhores !*

C'est Dona Joaquina qui ayant raccroché sa guitare, la soirée finie, nous reconduit jusqu'à notre porte. Sa tête blonde, aux yeux bleus clairs, bien lusitaniens, son joli sourire, jeune, aimable et satisfait, les souhaits de bonne nuit calme, reposante et sans rêves qu'elle forme pour les hôtes de son père, sous le toit familial, tout cela, elle nous laisse tout cela, en don gracieux, pour que nous en conservions le souvenir... maintenant, plus tard... et longtemps.

Et nous trois, qui tombons de sommeil, avons juste la force de lui répondre brièvement, avant de tomber vite, très vite, à peine au lit, dans le délicieux néant des soirs de bonne fatigue physique.

CHAPITRE XXII

Macahubas

~~~~~~~~

De petits incidents retardent encore, comme par hasard, notre départ ce matin-là : des fers qui se détachent, des gonfles qui ont paru cette nuit sur le dos maigre de *Carrapato*, et sur celui de ma mule : le déjeuner qui n'est pas prêt à l'heure, tellement Dona Joachina l'a voulu succulent et exceptionnel : bref nous ne sommes en selle qu'à onze heures.

Nous devons nous trouver vers trois heures à Macahubas, une petite bourgade qui a poussé autour d'un vieux couvent, puis pour la nuit à Santa Luzia. Nous coucherons dans cette localité et prendrons demain matin le train pour Bello Horizonte, car nous voulons être le 1ᵉʳ novembre à São Paulo : et c'est aujourd'hui le 29 octobre.

Le destin ne nous laissa pas exécuter ainsi ce programme. Toute la première partie de l'étape se passa normalement et comme d'habitude : c'est-à-dire que le chemin, beaucoup plus long, plus montueux, plus difficile que nous le pensions d'après les « on-dit », ne nous permit pas d'arriver avant le soir à Macahubas.

Comme le ciel pâlissait derrière nous et que s'ouvraient à l'orient, comme des regards amis, nos belles étoiles jumelles, nous vîmes dans la verdure sombre d'une haute futaie les deux clochers-beffrois et les grands murs de forteresse du couvent de Macahubas à pic sur le *ribeirão*.

D'après les informations du *Capitão*, le *padre* directeur n'était pas renommé pour son accueil. Triste, sombre et taciturne, ermite un peu misanthrope, ce religieux n'aimait guère les visites, paraît-il. Dieu sait pourtant que les gens qui passent là de coutume, ne doivent pas beaucoup le gêner, le saint homme! Enfin, puisque c'était comme cela, il valait mieux savoir et agir en conséquence.

Aussi A....., qui ne voulait pas être indiscret, envoie notre aide de camp commander un repas, pour nous, nos mules et nos gens, à la *venda* qui sert d'auberge dans la bourgade. Il part au grand trot de son mulet gris-fer, la nouvelle acquisition de Jaboticatubas, tandis que nous allons plus lentement vers les bâtiments du collège.

Comme nous arrivons, triste, grêle, haute, dans le clocher, et lointaine dans l'air frais du soir qui se fait brusquement, une cloche tinte.

Aussitôt, comme à un signal, les deux ou trois fenêtres qui s'éclairaient encore s'éteignent, ainsi que des prunelles ensommeillées, et tout dort, s'enclôt, portes et contrevents. Il est 7 heures !...

Nous frappons à la porte du *padre* directeur, dont l'habitation est en dehors de la clôture ; une petite maison basse aux encadrements d'outre-mer. Personne ne répond. Pourtant il y a du monde : car on entend derrière l'huis bien clos des pas feutrés qui circulent. Une lumière filtre successivement aux interstices des fenêtres, au-dessous des portes, découpe dans le trou de la grosse serrure comme un œil vigilant et clair. Mais toujours rien ! Il appelle avec un peu d'impatience dans un ton plus haut que de coutume... il dit que « vraiment nous ne sommes pas des brigands... des *fanaticos*... qu'on pourrait bien ouvrir »..., et derechef il cogne et hèle. Alors les pas à l'intérieur se rapprochent plus franchement, moins dissimulés, des loquets grincent, des barres s'enlèvent en dedans, le vantail s'entr'ouvre... Une tête pâle et mal rasée, sortant d'un col de drap luisant, frère, sacristain, une face semi-ecclésiastique, aux yeux troublés autant par la lampe fumeuse qui les voisine que par l'obscurité du dehors, cherchant à voir en fouillant le noir, curieusement. Et cet être falot et peureux barre l'entrée de toute l'étroitesse de son corps de vieillard.

« Quels sont ces gens qui arrivent de nuit ainsi ? » semble-t-il dire ? Où vont-ils ? Que veulent-ils ? Pourquoi se sont-ils arrêtés ici au lieu d'aller à la *venda?* Sans s'attarder à des explications qu'il a plus que suffisamment données à la cantonade, A.... écarte de la main le vieil homme pâle et méfiant et nous entrons à sa suite dans la salle. Très quelconque, avec ses lithographies pieuses, modernes et laides, elle ne diffère pas de n'importe laquelle de ses pareilles dans n'importe quelle cure d'Europe. Le *Padre* arrive. Entre deux âges, avec une face triste, usée, aux yeux sans flamme, ternes et las, il a l'air embarrassé, gêné, vexé d'on ne sait quoi. Nous troublons son silence méditatif, sa paix sommeillante, l'espèce de torpeur routinière où ses heures se marquent sans doute, toutes semblables et sans désir de changement. Nous avons vraiment bien besoin d'interrompre son rêve! Aussi avons-nous beau faire avec cet homme déshabitué de parler, la conversation s'étire comme de la guimauve, fade et insipide comme elle, tandis que le frère portier va nous chercher un cruchon de *Collares* ou de tout autre *vinho do reino*.

A.... tente tout de même d'expliquer notre présence ici ce soir. Le prêtre hoche la tête d'un air distrait, comme mal réveillé! et à notre demande de visiter le couvent, il oppose des fins de non-recevoir... de non comprendre.

« Il est tard, la clôture a fermé ses portes sur les élèves, sitôt la nuit venue. C'est un « collège » — comme on dit ici — de jeunes personnes... Les sœurs ne peuvent ainsi accueillir les gens, sans

Un village à la sortie du « Matto Virgem »

Bœufs de l'État de São Paulo.

Chars à bœufs traversant un gué.

avoir été prévenues. La règle est la règle pour tous.

Et puis le dîner a eu lieu à quatre heures. Il n'y a plus rien de disponible. Si nous voulons nous rafraîchir... il y a là du vin de messe... d'ailleurs, à la *venda* nous trouverons...

A.... s'empresse de le remercier et de le rassurer. Notre dîner est déjà commandé à cette *venda* dont il parle, mais nous aurions désiré voir le couvent et la chapelle — curieuse, paraît-il. Pourtant, puisqu'il n'y a pas moyen...

Mots par mots, à phrases hâchées, courtes et comme lasses de l'effort fait pour les exprimer, le *padre* a cependant fait, à notre demande, l'historique du lieu.

Le couvent a été fondé sous le règne de don João VI pour servir d'asile et d'école à trente jeunes filles nobles de la capitainerie...

Pauvres « trente jeunes filles nobles! » Je les plains de tout cœur et rétrospectivement. Combien, si j'avais été elles, n'aurais-je pas préféré n'importe quoi d'autre que de venir échouer ici!

Mais je ne puis sans doute bien savoir l'état d'esprit ni la mentalité d'une de ces trente jeunes filles nobles, aux temps reculés déjà de don João VI, dans la capitainerie de Minas Geraes!... Depuis, le couvent sert de collège, d'hôpital, d'asile et de je ne sais quoi encore, pour toute la région.

Tous les âges, toutes les conditions, toutes les misères physiques et morales s'y mêlent sous l'égide ferme, maternelle, charitable, de quelques religieuses d'un ordre local.

Voilà ce que nous avons pu démêler dans l'historique confus que le *padre* nous fait, d'un ton aussi distrait que décourageant. Nous ne le quittons bientôt pour aller prendre notre repas. Alors sa figure fatiguée s'éclaire d'un pâle sourire à nous voir si tôt partir.

Dehors, c'est un clair de lune féerique, romantique, dans la nuit chaude et moite où s'endort déjà la bourgade. Au-dessus de nous, le couvent clos, silencieux, repose dans une paix de tombe sans que l'on puisse croire seulement que des êtres réels y soient enfermés! Pauvres prisonniers de cette geôle géante et morne... défunts lamentables aux bruits de la vie, rien que la pensée de leur existence est d'une désolation sans nom!...

A la *venda*. La salle noire, enfumée par le foyer sans cheminée, qui encroûte d'une suie brillante chevrons et poutres, avec ses murs gras et polis à cause des innombrables dos qui s'y sont frottés, sent le graillon, l'huile rance, l'oignon et la crasse invétérée!

Le sol est de terre battue, le plafond, un clayonnage crevé de *taquaras* où filtrent des rayons de lune blêmes et droits. Une table recouverte d'une grosse toile douteuse, où voisinent des assiettes ébréchées, des timbales de métal terne et des fourchettes édentées, nous attend, avec devant et derrière de longs bancs étroits, boiteux et branlants. On ne sait quel nom donner au récipient où fume la *canja*, ni quelles furent jadis ou hier — ses attributions... Des bouts de lard, fris et desséchés, collent par leur graisse mal odorante au fond d'une large écuelle de terre. Il y a de la salade trop verte, caillouteuse, arrosée d'huile à quinquets, un coq mort de vieillesse dont les tendons ont l'air de corde à à violon, et des *feijoes* dans de l'eau de vaisselle tiède. Pas de vin, pas de pain, pas de sel! deux ou trois mangues racornies et des bananes déliquescentes. Pourtant, nous dévorons! Le bon déjeuner de Jaboticatubas était si loin! Le patron de la *venda* ne s'est pas dérangé; il est dans la pièce à côté, la tête sur son comptoir, qui dort, ou fait semblant; c'est à peine s'il nous a salués à notre entrée : il a les traits rudes et accentués du nègre, dans une face de blanc exsangue et fiévreuse. Sa femme, qui nous sert, sordidement vêtue, a des yeux et des cheveux superbes, des dents éblouissantes et une démarche houleuse et mauresque.

Elle est toute jeune encore et fait de son mieux pour nous contenter. Seulement, elle n'a pas l'habitude ni la manière!

Nous cachons de notre mieux aussi notre déception et le dégoût de ce repas qu'éclaire chichement un affreux lumignon d'argile, où la mèche fumaille et pue dans l'huile de coco. Tandis que nous nous débattons contre le menu, elle reste là appuyée au mur en face, nous inspectant l'un après l'autre avec une avide curiosité. Sa camisole trop courte, sa jupe haillonneuse, ses pieds nus solidement plantés, le feu sombre de ses grands yeux à travers l'écroulement de sa coiffure, son rire bref, effarouché à chaque demande, et ses souples mouvements de fauve, tout cela lui donne un admirable air de sauvagesse blanche. Elle se penche un instant vers le *Capitão* qui, sans doute, est celui qui l'intimide le moins, et lui pose une question soudain, à voix basse, question qui remplit de joie aussitôt les deux seuls qui en comprennent la saveur.

— Quoi? Qu'est-ce qu'il y a?
— Elle demande, — fait A.... retenant son rire, — lequel de nous est *o visconde*. Et comme il désigne du doigt celui à qui revient ce titre, la femme, incrédule, secoue dubitativement la tête, avec un air brusque et fâché, comme une qu'on raillerait, et se retire froissée. Elle n'a pas cru à la véracité de la réponse, et se juge offensée de notre gaîté, aussi bien que de la fausse réponse à sa simple question... Nous l'entendons bousculer avec mauvaise humeur l'assoupi du comptoir, et le cingler de mots aigus comme des injures, adressés à la cantonade!

A.... nous explique sa méprise : elle est bien compréhensible.

Au Brésil, les titres ne sont pas héréditaires, ce qui fait que, puisqu'il n'en a plus été donné depuis

1889, il n'y a désormais que des vieilles gens à les porter. La patronne de la *venda* ne pouvait croire que *o Senhor Visconde* fût justement un des plus jeunes de ses hôtes, quelqu'un sans barbe blanche, sans air vénérable, comme ceux qu'elle avait connus dans la région. Elle resta persuadée qu'on avait voulu se moquer d'elle — ce qui n'était ni gentil, ni reconnaissant pour le mal qu'elle s'était donné, et le plantureux repas qu'elle avait elle-même préparé, et si tard, hors des heures raisonnables pour manger.

Il est huit heures et demie quand nous réenfourchons nos mules pour le départ. Notre hôtesse, froidement, nous toise de son seuil : et c'est à peine si elle se déride à nos adieux, à peine si une courte flamme court en ses yeux sombres, à nos profonds saluts de départ. Des *vaqueiros*, qui fument assis en rond sur la place, nous indiquent soigneusement la route.

— Il n'y a pas à se tromper, *meus senhores*, c'est à droite, à la sortie du village, dès le *corrego* passé. Il y a deux lieues d'ici Santa Luzia. *Boa viajem! Adeus! Muito obrigado!*

Dans la nuit magnifiquement éclairée, avec la lune « éblouissante et pleine »... à notre gauche, nous nous embarquons sur la route que notre convoi a prise il y a quelques heures. Que ne l'a-t-il jalonnée de rameaux verts !

Il est vrai que dans le noir... Enfin nous serons

arrivés vers onze heures à l'hôtel contre la gare. Deux lieues, même de nuit, cela se fait encore rapidement...

Oui, quand on ne s'égare pas. Nous nous sommes égarés, et alors....

Un « urubu ».

CHAPITRE XXIII

Dans le " Matto "

Je n'ai jamais mieux compris que cette nuit-là combien certaines légendes sont fausses, et comme il y a des choses que tout le monde répète à l'envi, sans les avoir vérifiées; qui dès qu'on les expérimente se trouvent être erronées. Il est admis que le sauvage, ou le demi-civilisé, possède en lui un merveilleux instinct d'orientation. Les moindres indices sont pour lui des bases certaines sur lesquelles il échafaude tout le plan de sa route : l'ouïe, la vue, l'odorat, le toucher... que sais-je, tout lui sert. Avec ces gens-là, on ne peut se perdre!

Eh bien, dussé-je avoir l'air de faire du paradoxe, je me suis presque toujours égaré quand je me suis confié à ce si sûr instinct des primitifs! Deux fois pendant notre courte expédition nous en fîmes la désastreuse expérience. Il est vrai que peut-être ces guides étaient-ils déjà trop civilisés!... et que chez eux le fameux instinct s'était émoussé... ou modifié, ou que justement, par hasard... ceux-là n'en étaient pas pourvus !

Afin de bien sûrement arriver et de ne pas errer à travers bois cette nuit-là, A... confia le soin de notre conduite à Dyonisio, qui se faisait fort de nous mener rapidement à bon port : les gens de Macahubas lui avaient bien expliqué... il savait.

Aussi, les éperons au poil, poussant du *chicote* et de la voix sa mule hors de son amble habituel, prit-il hardiment la tête de la colonne dès que nous eûmes quitté la place où s'élevait la *venda*. Il était fier, un peu important, avec une haute idée — sans doute — de sa fonction et de son importance. Nous allions voir !

J'en étais presque à regretter la brièveté de la route, tellement il faisait beau, tellement le trajet s'annonçait agréable et facile après la longue étape du matin en plein soleil. Rien n'est plus délicieux en effet, que de voyager ainsi, de nuit, au Brésil. L'air est doux et fraîchi, des senteurs balsamiques et silvestres épandent largement leurs arômes inconnus. On va dans un calme immense, dans un silence profond que trouble à peine, sur le tapis des *campos* ou la poussière épaisse et refroidie des pistes, le sec trottinement des *animaes*. Les étoiles et les *vagalumens* rivalisent de feux, errants ou fixes, immobiles et lointains, ou là, tout près, clignotants, papillotants, éclaboussant ceux qui vont de leurs moucheture lumineuses... C'est incomparable ! Et quand par surcroît, comme ce soir, *a lua cheia*, la lune pleine, ronde, polie, énorme, verse sur tout le paysage la laiteuse et ruisselante clarté de sa pâle lumière, on croit rêver, tant c'est en dehors des choses vues... au-dessus des réalités coutumières et civilisées! Et puis, on se sent tellement en sûreté. Rien du danger nocturne au sein des villes... rien du hasard des campagnes européennes où foisonnent les embûches de la civilisation : routes inachevées, ou qui ne finissent pas, clôtures menaçantes, ponts, barrières, fleuves ou voies ferrées que l'on espérait franchir en un point donné, le seul permis, et qui justement...

L'homme est loin : pas de traces de ses œuvres... alors on ne craint rien! Les fauves, si rares d'ailleurs que nous n'en avons jamais vus, fuient le bruit des marches, et quand, sous le vent, ils perçoivent la présence humaine, la crainte les fait se retirer au plus profond des profondeurs inconnues et noires!

Les reptiles sont trop loin de ceux qui chevauchent, les moustiques ne piquent qu'aux haltes. Tout serait parfait s'il n'y avait pas l'éternel et terrible *carrapato* qui, avec ses milliers de frères, vous attaque, invisible dans le noir, venant d'on ne sait où... innombrable et féroce! Nous en étions constellés, saupoudrés, c'était une horreur, et vraiment l'envers répugnant de l'admirable décor où cheminent bellement les songes, dans une marche nocturne!

Au bout de quelque temps, la lune que nous

avions à notre gauche — admirable point de repère — semble obliquer au Nord, et nous l'avons devant nous comme un phare, annulant les ombres dans sa splendeur, fantastiquant toutes choses !

Tiens ! la piste tourne bien franchement, alors ?... Sans doute va-t-elle sous peu se redresser... sans quoi... et de continuer à rêvasser... Quelques instants après, encore, elle est à notre droite, cette paisible et calme amie des Romantiques !

— Ah ! mais... Je m'en étonne plus précisément. Si bien même que je m'en ouvre à Guillaume. Celui-ci, toujours impassible, m'allègue « qu'il n'est pas de semaine » !

D'ailleurs « il n'était pas partisan de cette marche de nuit, sans cartes ni guide... alors »... Je n'insiste pas.

Mais ayant constaté — non sans étonnement d'ailleurs — au bout d'un moment, qu'il y avait deux heures déjà que nous cheminions en plein bois, sans une case en vue, sans trace de vie humaine autre que notre sentier tors et étroit, après avoir « reinterwievé » mon beau-frère, j'expose la situation à A...., ainsi que mes appréhensions. Celui-ci, tiré subitement et désagréablement de sa demi-rêverie somnolente, fait halte brusquement. Il regarde, inspecte, interroge le *Capitão* d'abord, qui est le plus près, puis Dyonisio... et comme ceux-ci, avec une admirable assurance, lui certifient que nous sommes dans la bonne voie... il reste perplexe.

CHAP. XXIII. — DANS LE " MATTO "

La lune à présent est derrière nous... et projette sur le sol poli de la sente nos ombres allongées et étirées... funambulesques !

« Écoutez, A...., nous nous trompons de route. J'ai l'habitude de m'orienter, par métier. Puisque la lune, point fixe — ou presque — dans le ciel pendant la durée d'une nuit, ne se trouve jamais à la même place, par rapport à nous, ce soir, c'est que nous errons ! Elle semble décrire à notre droite un vaste cercle, c'est donc que nous tournons en sens inverse... à main gauche ! !...

Cette démonstration que Guillaume appuie de toute la force d'un témoignage efficace de vieux troupier fait éclater la colère longtemps contenue — sans doute — de A.... Il s'emporte contre la maladresse persistante de nos guides et cela avec d'autant plus de force et de conviction que la rude étape l'a davantage encore plus fatigué que de coutume.

Le pauvre Dyonisio, affolé, en perçoit les éclats juste au moment où, revenant vers nous, au trot, l'air ahuri, penaud et peu rassuré, il venait nous prévenir... qu'il était... perdu ! !

. . . .

Il serait fastidieux de narrer à nouveau cette nuit, si semblable — temps à part — à celle de Morro Velho. Malgré la saveur de certains de ses détails je ne parlerai que de ses faits saillants.

Vers onze heures, halte à un *sitio* où l'on nous apprend ce dont nous commencions à nous douter, que nous tournions le dos à Santa Luzia, et nous nous trouvions à sept ou huit kilomètres de Macahubas ! notre point de départ !

Les gens d'ici, pauvres, maigres, avec des airs de gens mal nourris et fiévreux, hâves sous la crasse de leurs déshabillés nocturnes, nous expliquent longuement, verbeusement, la route à suivre. Puis ils nous proposent de suite, avec simplicité, une hospitalité encore plus simple et plus généreuse que rassurante, étant donné le délabrement extrême de leur habitation.

On repart. De onze heures et demie à une heure du matin nous côtoyons une forêt en feu qui achève de brûler à plusieurs lieues de là, derrière les crêtes. Le vent nous charrie des cendres chaudes, des flammèches rouges, dans le vol vert des mouches à feu, et sous les dents la langue pousse des atomes charbonneux, à goût de soude. Après quelques kilomètres, la forêt s'éteint, laissée en arrière, aurore à contre lune dans le noir du firmament, et nous arrivons sur les berges plates d'un assez large fleuve.

O rio das Velhas, dit le *capitão* affirmatif. C'est bien possible. Le contraire l'est aussi. Comment diable identifier un fleuve de cette façon, lorsqu'en plein bois, comme nous le sommes depuis si longtemps, on ne distingue rien à dix mètres de soi ? On suit le bord. Un quart d'heure après on tombe dans une fazenda abandonnée.

CHAP. XXIII. — DANS LE " MATTO "

Le lieu est sinistre et beaucoup plus impressionnant que la bénigne chambre de la *casa assombráda !* Il est la mi-nuit !... Murs écroulés, toits sans tuiles, squelettes disloqués des machines agricoles retombant à la terre, et des trous traîtres dans de noirs ricins, et des bosses pierreuses où les mules trébuchent sous les ronces repoussées, les lianes épineuses et les épais buissons nains ! Tout cela pour finalement aboutir à un mur naturel, paroi à pic de la *serra*, sans passage possible — même de jour — ... Pas de chemin là, à qui n'a pas d'ailes !

C'en est assez, c'en est trop !

A.... hors de lui, cette fois, commande demi-tour, et au galop détraqué de sa mule mi-fourbue, éperonnée au sang, il reprend son contre-pied. Nous le suivons en silence, assez découragés. C'est à nouveau le *rio* où coule, avec le flot d'argent, la lueur bleu-pâle de la lune. Alors, nous qui venions derrière, Guillaume et moi, nous voyons, traversant le fleuve, lentement, en plein courant, en pleine lumière, un tapir presqu'aussi gros qu'un bœuf, qui nageait sans bruit, le mufle hors de l'eau. Un tapir !!! L'animal que nous aurions tant voulu chasser depuis le début de notre séjour au Brésil ! Hélas ! nos fusils sont au convoi ce soir-là ! Nous n'avions que nos revolvers, qui n'auraient pas porté à cette distance. Et puis d'ailleurs, à quoi bon ? On ne chasse pas le tapir, la nuit, à coups de brownings !

Nous avions, certes, bien autre chose à faire de plus pressé, de plus important, pour l'instant !

E'uma anta... C'est un tapir — fait le *capitão* à voix basse, en nous rejoignant. Il sait notre désir d'en tuer un... lui-même ne serait pas fâché... mais comme il regarde du côté de A.... il voit qu'il vaut mieux ne pas insister !

A trois heures du matin, harassés, sur des mules qui se traînent péniblement, nous décidons, d'un commun accord, de nous arrêter... n'importe où... coûte que coûte... et de coucher là où nous étions, en attendant le jour !

Le bruit d'une clochette, soudain, attire notre attention joyeusement ! C'est une *madrinha* qui paît à notre droite, devant sa *tropa* de mules déchargées. Quelques pas plus loin, dans une éclaircie, nous trouvons un *rancho* sous lequel dorment les muletiers. Sans force pour aller davantage, sans espoir désormais de mieux trouver, exténués, sans pensées ni désirs autres que de dormir, nous descendons près d'eux.

Les mules désharnachées sont lâchées avec celles de la *tropa* ; nous mettons nos selles en guise d'oreillers, et à même la terre sèche, dure et chaude, nous nous étendons comme des bêtes forcées, pour tenter de dormir, en attendant l'aube !...

CHAPITRE XXIV

Sous le " Rancho "

~~~~~~

Le bruit que nous faisons en nous installant n'a troublé qu'à peine les endormis du *rancho*... Personne ne s'est levé des gisants !...

Seul, le factionnaire, — si je puis dire — qui, près du feu de brindilles, somnolait, en écoutant mijoter la chanson du café sur les braises, se remet sur ses pieds nus et vient à nous, plus curieux qu'aideur. Chacun pour soi après tout ! Et puis de quoi pouvions-nous bien avoir l'air, pour ce brave homme, surgissant ainsi dans la nuit, et du *matto*, armés, sans convoi ni bagages, poussant devant nous, deux mules nues ! Des rôdeurs de bois... des batteurs d'estrade, détrousseurs de *tropas*, pilleurs de fazendas ? L'espèce n'en est pas encore si rare dans ces régions écartées où, sous couleur de politique, bien des excès se commettent : le *Capitão*, ces jours derniers, nous en avait narrés d'un joli calibre !

Notre aspect, au surplus, après cette exténuante

marche vaine, ne devait guère être engageant, je m'en rends compte!

Il fut pourtant d'un admirable sang-froid. Sans hâte, sans rien manifester, ayant seulement en deux mots rapides prévenu son chef, il s'approcha.

Un court colloque avec Dyonisio les rassure tous deux. L'un se retourne sur le flanc et dort, l'autre propose aux *Senhores Viajeiros* d'entrer près d'eux et de prendre place et rang sous le *rancho* commun, à quoi tous ont un égal droit d'honnête homme.

Puis, se faisant plus aimable à mesure qu'il nous comprend mieux, il déroule à notre intention, de grandes peaux de bœuf, à peine tannées, de celles qui recouvrent les ballots des chargements. Nous aurons ainsi une plus moelleuse couche! ou du moins cet excellent *tropeiro* le juge ainsi. Remercions, acceptons, et ne le détrompons pas : ce ne serait pas bien.

La tête dans le creux du siège de nos *soccadas*, les nombreux tapis de selle pour les mieux rembourrer encore, ayant mis nos manteaux et rabattu nos grands chapeaux sur nos yeux à cause du *sereno*, nous tentons de dormir... enfin!

J'ai déjà bien souvent passé des nuits ainsi, sur la terre même, et le sommeil ne se faisait guère attendre, d'habitude. Ce soir, malgré la fatigue extrême, il me fuit impitoyablement... et pour cause!

A peine couché sur ma peau de bœuf, je me sens

Halte avec des tropeiros.

Un « rancho ».

Chevaux de Minas Geraes.

dévoré vivant! Des milliers de *carrapatos* courent sur moi, entrent sous mes vêtements, par toutes les coutures... me lardent, s'incrustent dans les chairs au moindre mouvement de défense ou de dégoût, au plus infime geste que j'esquisse pour les chasser ou les arracher!

C'est intolérable... et immonde!...

Pourtant, sans « Eux », comme on serait bien!

Il fait doux, frais, la brise nocturne est caressante avec des haleines presque fleuries... un calme majestueux invite au repos bienfaisant, au réparateur sommeil... Impossible... « Ils » sont trop!

Chaque pouce de peau est un terrain de manœuvres pour ces maudits. Ils vous fouillent, comme les mineurs un champ d'or. Ce n'est pas gai d'être ainsi, nuitamment, « prospecté »!

De guerre lasse, je me lève. Après avoir tourné en rond exaspérément, et fait les cent pas devant les charges, je viens m'asseoir près du feu où le factionnaire veille. Jusqu'au petit jour je suis resté là, ainsi, près de ce bon *caboclo*, buvant avec lui, pour tuer le temps, du café dans de vieilles calebasses noires, grasses et crasseuses à cause de la boue de marc dont leur fond est comme laqué! J'ai fumé d'innombrables *cigarros*. Puis, j'ai déambulé lamentablement dans la clairière où les mules de la *tropa* paissaient, où les nôtres, exténuées, couchées en rond, dodelinaient des oreilles sous les piqûres de tous les parasites sylvestres!

Sous le *rancho*, sur leurs peaux de vache, A...., Guillaume et le *Capitão* reposaient lourdement, et d'un si profond sommeil, que nulles morsures ne les en arrachaient. J'enviais leur fatigue encore plus impérieuse que la mienne, sans doute! Et trois essais malheureux et successifs me firent étendre et relever aussitôt, sous la mauvaise brûlure!

Deux factions se passèrent de la sorte jusqu'au petit jour : et les deux factionnaires me virent à leurs côtés, incomprenant et découragé, partageant leur café et leurs rouleaux de *fumo*, car je n'avais non plus une cigarette de reste de mon étui, à présent!!! Que cette nuit, si courte d'heures pourtant, me parut interminablement longue!

Enfin... le ciel pâlit au-dessus des hautes cimes, l'herbe de bleue devint grise. Un vent léger, en frisselis, vint trembler dans le lourd feuillage et rider l'eau moirée du *ribeirão*.

Des ébrouements se firent dans les ramures, et des bruits d'oiseaux avec les premiers appels matinaux.

Alors, soudain, éclairant de suite magnifiquement, rouge, rond comme un fromage de Hollande *queijo do reino*... le soleil parut, flamba, et rayonna du coup derrière une crête qu'il incendia de son or roussi!

Les mules à terre, se dressèrent, de la croupe d'abord, puis des antérieurs, et lentement, s'en allèrent derrière le cheval de Guillaume boire au *cor-*

rego l'eau savonneuse encore des brumes matinales.

C'était le jour! La fin peut-être de mes maux !!!

Sous le *rancho*, la vie renaît. Notre excellent ami le *Capitão*, tout guilleret, s'est levé le premier. Les yeux bouffis encore du repos sur la dure, la moustache hérissée, un bon sourire aux lèvres et la main tendue, il me souhaite le bonjour, et frissonnant un peu du réveil, il vient prendre sa part du café que cuisine toujours attentivement le *tropeiro* de service.

Puis les autres se redressent un par un, les muletiers, leur *cabo*, A.... mon beau-frère enfin, et tous de nous réunir autour des calebasses fumantes d'où s'évapore la bonne odeur du café chaud.

On me taquine un peu au récit de ma mauvaise nuit. Et moi, je regarde sans bienveillance les railleurs, trouvant à cause de ma fatigue inapaisée, leurs insignifiantes plaisanteries amicales sans sel ni saveur!

Quel cuir ont-ils donc, pour n'avoir rien senti? De quoi est fait leur épiderme?

Je me sens très soif : un peu mal au cœur... et aux cheveux... comme un qui n'a pas dormi! Le café me répugne presque, à force d'en avoir bu sans besoin, à longueur de nuit. Le *fumo* m'écœure, avec son âcre goût de chique!... Je serais d'assez mauvaise humeur, si je ne m'apercevais vite, qu'en fin de compte, les trois autres... sont aussi fatigués que moi, écœurés, affamés! Après tout, nous sommes à deux de jeu, dormeurs sur la dure ou veilleur près du feu... harassés et courbaturés !

Quand on veut resseller, on s'aperçoit qu'une nouvelle mule encore est indisponible. Son pauvre dos saillant n'est qu'une plaie ! A.... lui aura semblé bien lourd pendant ces terribles dix-sept heures de marche ! Mais comment faire à présent ? D'autant que nous avons encore du chemin à abattre, n'en ayant guère fait cette nuit... en avant s'entend ! Nous sommes ici — disent les *tropeiros* qui savent, — à plus de deux lieues et demie de Macahuba ! Donc nous n'avions pas réussi à nous écarter de plus de quinze kilomètres, de neuf heures du soir à trois heures du matin ! C'était un assez joli résultat !

Je nous trouve tous un peu nerveux et irritables, à cause de notre fatigue, à laquelle ce contretemps vient s'ajouter si mal à propos. Et nous qui voulions être après demain matin, Guillaume et moi, à plus de 1100 kilomètres d'ici... à São Paulo pour le 1ᵉʳ novembre !! Le pourrons-nous ?... En se pressant ! Mais c'est toujours si dommage de se presser en voyage ! Et puis, ce joli voyage-là, si gai, si amical partout, où tout avait toujours si bien marché au gré de tous, allait-il s'achever sur cette pénible impression de fatigue et de contretemps, avec la trop grande hâte de sa fin ? *que pena !* — comme on dit ici — oui, vraiment, quel dommage !

Nos bêtes n'en veulent plus et nous avons encore près de vingt-cinq kilomètres à faire !

Encore une fois et comme toujours ici-bas... tout s'arrange. Il suffit d'y croire.

Les braves *tropeiros* nous tirent d'affaire. Il y a là, à deux portées de mousquet, un *sitio*... nous y trouverons peut-être un animal à acheter ? Nous y allons. En effet. Après quelques essais, notre choix se fixe sur un cheval rouan-vineux, assez ordinaire de modèle — ce qui nous est égal — mais solide et de bons membres, ce qui importe ! On l'achète quatre cents mil reis — à peu près six cents francs. A.... me le confie comme étant le plus léger : et je finirai l'étape très confortablement avec lui.

Remis dans la bonne voie par nos « hôtes » les muletiers, nous arrivons à Santa Luzia vers midi et demi, en pleine chaleur. La route est dure et silencieuse, un peu somnolente au début, difficile, avec des sentes en lacets le long de corniches étroites ; mais au bout il y a un hôtel... une ligne de chemin de fer... et sur cette ligne... un train de de 2 heures 45... qui nous ramènera à Bello Horizonte ! ! Rien que ça donne du courage et des jambes ! Cela permet à notre coutumière bonne humeur de revenir rapidement... et de se manifester par des chansons... fredonnées ou sifflées, des vers même, déclamés ! Et puis on se redit combien on avait pâti cette nuit-là... chacun — en somme — bien plus que son voisin ! Naturellement ! Maintenant que « c'était passé » on n'était pas trop fâché, ma foi, d'avoir vu... et... subi cela !

A Santa Luzia, nos gens, Zé Antonio et Antonio le *tropeiro* étaient affolés de ne pas nous avoir vus arriver hier au soir. On craignait un malheur et des gens étaient partis à notre recherche.

Après un bon déjeuner à l'hôtel *da Estação*, nous nous livrâmes à l'extraction des *carrapatos !!* J'en avais un dans le genou, qu'il fallut arracher avec une aiguille et du fil... tellement il était enfoncé dans les chairs !!!

Nous vîmes aussi l'église où se marquent encore les traces de coups de feu de l'insurrection libérale de 1842 dans le maquillage violent, rouge et bleu, de sa façade délabrée.

Puis nous reprîmes le train. Les *animaes* arriveront demain à Bello Horizonte, par la voie de terre, avec les *camaradas*.

. . . .

Nous ne pûmes guère raconter longuement les incidents de notre voyage à nos aimables hôtes de cette capitale mineira, car nous fûmes nous coucher de bonne heure ce soir-là, comme bien l'on pense, sitôt le *jantar* achevé : mais nous laissons à A.... le soin de tout narrer, et de redire combien nous avions goûté notre expédition, et quel souvenir impérissable nous gardions des lieux et des gens dans ce si curieux et intéressant pays.

Nous devions repartir dès le lendemain matin à six heures, et par le « Central » regagner directement São Paulo, sans passer par Rio.

CHAPITRE XXV

Ce qui, après tout, peut être un épilogue

~~~~~~

Quand nous nous trouvâmes, Guillaume et moi, à six heures ce matin-là sur le quai de la petite gare crénelée de Bello Horizonte, nous ne pûmes nous empêcher d'éprouver un certain sentiment de de mélancolie. On avait été si aimable ! Nous avions vu, grâce à tous, des choses si neuves pour nous, tout en étant les vieilles choses séculaires du Brésil de jadis, du Brésil de la Conquête ! Tout s'était si bien passé, partout et toujours... et c'était fini !...

Seul, de tous nos amis *mineiros*, à cause de l'heure matinale, le *Capitão* de M..., négligeant sa fatigue des jours précédents, était là, dans l'aube du beau printemps brésilien, arpentant avec nous le quai, avant le départ. Le ménage A.... devait rentrer quelque temps après nous à São Paulo. Nous ne dîmes pas grand'chose à notre ex « attaché militaire », car nous nous comprenions si mal dans nos langues respectives ! Mais quand il fallut se quitter, au sifflet brusque du chef de gare, d'un même élan, sincère, amical, nous nous étreignîmes à la brésilienne... Et je sentis alors, combien, malgré tant de choses qui nous séparaient, tant de raisons d'être disparates, ces trois semaines de vie commune nous avaient rapprochés et liés, en dépit de tout, véritablement, en amis, profondément...

Il était ému, l'excellent homme : et nous aussi, un peu. Qui savait quand on se reverrait ? Jamais, sous toute probabilité. Chacun, nous y pensions, presque tristement.

Mais notre émotion ne pouvant se traduire, resta forcément digne, avec des apparences de froideur, bien loin de nos vrais sentiments. Quand on ne sait pas se parler... n'est-ce pas ?... comment veut-on... d'homme à homme... cela restreint fort les effusions, même les plus dignes d'être exprimées !

— *Adeus... Capitão...*

— Au revoir... Messieurs !...

Des mains se serrent, puis font des gestes un peu puérils à la portière qui se déplace...

Le train s'accélère... Et là-bas sur le quai, avant que le convoi ne gagne le premier tournant, le *Capitão*, les talons joints, la main ouverte au képi rouge, très chic, très crâne, très français — dirais-je, — dans son allure vraiment militaire, suit de toute l'attention de son fier regard devenu soudain très doux et mélancolique, ses camarades des routes dures, ses compagnons des longues étapes chaudes et pénibles... ses amis... qui s'en vont !...

CHAP. XXV. — CE QUI PEUT ÊTRE UN ÉPILOGUE

... Après vingt-huit heures d'un effroyable trajet, assis dans de désastreux fauteuils de rotin, n'ayant pas trouvé, à la nuit, les couchettes retenues, qu'un malentendu nous fit manquer, sans avoir presque mangé, nous arrivâmes « chez nous » dans la capitale pauliste.

. . . .

Et voilà quelle fut cette marche que nous fîmes, sur les chemins des héroïques premiers venus d'ici. Voilà comment nous emboîtâmes le pas aux glorieux « Vagabonds » de l'épique passé brésilien. C'est ainsi que dans leurs sentes et par leurs étapes d'*arraiaes* en *arraiaes*, à travers leurs mêmes solitudes, après les Conquérants de l'Or et les chercheurs d'*Esmeraldas*, guidés par le plus qualifié, le plus réel — à tous les points de vue — le plus fidèle continuateur de toutes leurs belles traditions, nous refîmes sous les auspices de A....., leur authentique descendant, ce voyage au vieux pays des Bandeirantes.

São Paulo *1913*. Paris *1914*.

TABLE DES MATIÈRES

I.	Qui peut servir de préface ou tout au moins d'introduction.	7
II.	Où l'on va vers Bello Horizonte	13
III.	De Bello Horizonte	23
IV.	La cité et ses monuments	37
V.	La force publique et ses gens d'armes	41
VI.	Sur le chemin de l'or	51
VII.	Morro Velho	59
VIII.	La voie du retour	71
IX.	Sabará	83
X.	Caethé	103
XI.	Nossa Senhora da Piedade	113
XII.	L'Asile	125
XIII.	De Macucu à Taquarassu	137
XIV.	Taquarassu	151
XV.	Singes et serpents	163
XVI.	De Taquarassu à Cipo	177
XVII.	Cipo	185
XVIII.	Os desanimados	197
XIX.	Heures de fazenda	209
XX.	Aux « Cachœiras du Parauna »	219
XXI.	Jaboticatubas	231
XXII.	Macahubas	245
XXIII.	Dans le « Matto »	255
XXIV.	Sous le « Rancho »	263
XXV.	Ce qui, après tout, peut être un épilogue.	271

TABLE DES GRAVURES

Comte G. de S. P.	7
« Tropeiros »	10
Sur la route de Bello Horizonte	17
Le « Rio das Velhas »	17
Un village sur la route de Bello Horizonte	24
Bello Horizonte. — Aspect partiel	25
— Place de la République. Théâtre municipal	25
— Place de la Station	32
— Place du Chemin de fer	32
— Administration des Postes	40
— Parc	40
— Places de la Liberté et de la République	41
Dressage d'un cheval pris au lasso	48
Bello Horizonte. — Palais présidentiel	49
Sur la route de Villa Nova de Lima	49
Figuiers sauvages dans la forêt	64
Les mules de l'expédition	88
Un pont à Minas	89
Caethé et son église	104
Sur la route de la Serra da Piedade	113
L'expédition au pied de la Serra da Piedade	120
Une piste dans la forêt	121
Dans le jardin de M. P.....	121
Une auberge à Minas	121

Le « Sertão »	128
« Coqueiros »	131
Parc à bétail	131
« Bananeiras »	135
Une fazenda d'élevage	137
La forêt brûlée et débitée	137
Les troupeaux dans les « Pastos »	142
Bœufs au « Curral »	145
Les Croix de « l'Homme qu'on assassina »	145
Taquarassu	152
Le Cheptel de Taquarassu	153
Jument Mineira et son mulet	153
Tableau de chasse à Taquarassu	160
Un « Vaqueiro »	160
Dans la forêt. — Un palmier	168
Les propriétaires de Cipo et leur fazenda	184
Le domaine minier de Cipo	185
Char à bœufs	185
Sortie de la messe un dimanche à Cipo	193
La maison « hantée »!	183
Un des propriétaires de Cipo	200
Les mulets attendant les visiteurs. Cipo	200
Anciens logements des esclaves à Cipo	201
L'Ecole à Cipo	201
Chutes du Rio à Cipo	208
Chevaux et mulets au « Curral »	216
Route du Parahuna	216
Première chute du Parahuna	217
Deuxième chute du Parahuna	225
Les dernières chutes du Parahuna	232
L'expédition repart de Cipo	233
La route de Cipo	240
Une « Fazenda » et un « Cafezal »	243
Un village à la sortie du « Matto Virgem »	240

TABLE DES GRAVURES

Bœufs de l'État de São Paulo.	248
Chars à bœufs traversant un gué	249
Un « urubu ».	254
Halte avec des « tropeiros ».	264
Un « rancho ».	264
Chevaux de Minas Geraes.	265

BESANÇON. — IMPRIMERIE JACQUES ET DEMONTROND.

www.ingramcontent.com/pod-product-compliance
Lightning Source LLC
Chambersburg PA
CBHW050745170426
43202CB00013B/2307